一生使える！野菜まるごと使い切り大全

林 幸子

PHP

はじめに

「お得だからと野菜をまるごと買っても、使い切れなくて罪悪感がある」
「野菜料理のレパートリーが少なくて飽きてしまう」……。
　そんな方が多いのではないでしょうか？

　四季のある日本。
　季節感あふれる旬の野菜は、うれしいことばかり。
　栄養価も高く、お財布にもやさしいですし、やっぱりおいしいですよね。
　そんな野菜をおいしく、ムダなく食べ切るためのメニューを考えました。

　シンプルな野菜料理はもちろん、捨ててしまっていた大根の皮を主役にしたメニューや、れんこんやごぼうは皮も一緒に食べるといった、野菜をまるごと食べ切るヒント、そしてポイントとして、野菜を長持ちさせるコツなども紹介しています。

　同じ野菜料理でも、調味料や調理法、食材の組み合わせ方により、無限の楽しみが広がっていきます。
　また、今まで必要だと思っていた調理の工程が、じつは発想を変えたら省いても大丈夫だった！　ということも多くあります。

　私は、家庭料理は「楽しむ」ことが基本だと思っています。
　野菜料理も同じで、ぜひ、「おいしくムダなく食べ切る」を、ラクをしながら楽しんで取り入れていただけたらうれしく思います。

林 幸子

一生使える！
野菜まるごと使い切り大全
もくじ

1章 春の野菜

キャベツ

絹さや・えんどう豆・そら豆

たけのこ

2章　夏の野菜

3章　秋の野菜

4章 冬の野菜

◆ 野菜をおいしく使い切るアイデア

使い切れずに冷蔵庫で干からびていた野菜を発見！ そんなことはないでしょうか？
ここでは、野菜を使い切るのはもちろん、次回の料理がラクになるアイデアを紹介します。

❶ 一度にまとめて切ってしまう

残った野菜をそのままおいておくと、次回の料理もゼロからスタートすることに。ついでに全部切って使わない分は保存しておけば、すぐに使えて食材と時間のムダをカット。切り方は自由でOKです。

❷ 漬ける

大根や白菜などの大きな野菜は、残ってしまいがち。好みの大きさに切って、塩をふって保存袋に入れてキュッと縛り簡単浅漬けにしましょう（キャベツ、きゅうり、なすなど）。ほかに、酢や甘酢（酢と砂糖を1：1で混ぜたもの）、醤油に漬けても。冷蔵庫で7〜8日ほど保存できます。

❸ 干す

ごぼうやきのこ類は、小さめに切って1日程度干し、水分が抜けて乾いた状態になったら冷凍庫で保管します。そのまま、味噌汁や煮物に使うことができます。大根も薄切りや細切りにして干しておけば、味がしみやすくやわらかくなるのが早くなります。

❹ ゆでておく

ほうれん草などの葉物は、一度に一束すべてゆでて、使わない分は水気を切って冷蔵保存しておきましょう。ごま和えや味噌汁の具、肉巻きの具にも使えます。

◆ 野菜料理がマンネリにならないヒント

いつも同じメニューになってしまうという悩みが解決します！

❶「味変」もワザのうち

シンプルな和え物もカレー粉やマヨネーズなど、身近にある調味料をプラスすることで、風味が変わり、いつもと違う味になります。ほんの少しの変化で、料理の印象が驚くほど変わります。

❷「盛りつけ」を変えてごちそう感を出す

見方を変えて、盛りつけを変えるだけでごちそう感が出ます。ポイントは、「巻く」「包む」「盛り上げる」。本書でもふんだんに紹介しています。ぜひ、参考にしてみてください。

◆ 出汁のとり方

本書のレシピに記載されている「出汁」のとり方を紹介します。一度に作って、冷蔵保存しておくとすぐに使えて便利です。2種類紹介しますが、お好みでお使いください。

昆布と削りがつおの出汁

鍋に水1Lと昆布10cm角を入れ、10分以上おく。弱火にかけて沸騰直前に昆布を取り出す。沸騰させて火を止め、削りがつお10gを加え、2～3分おいてから布巾やキッチンペーパーで漉して使う。保存期間は、冷蔵で2～3日。それ以上保存するときは冷凍保存して2～3カ月で使い切る。

昆布と煮干しの出汁

蓋付きの容器に水1Lと10cm角の昆布、煮干し10gを入れて冷蔵庫で一晩おく。昆布と煮干しは取り出し、一度沸騰させて漉してから使う。保存期間は、冷蔵で2～3日。

◆ 分量について

分量は基本、2人分を目安としています。レシピによっては、作りやすい分量のものもあります。
計量の単位は1カップ=200ml、大さじ1=15ml、小さじ1=5mlです。

◆ 火加減について

ガスコンロを基準にしています。基本は中火です。

◆ 電子レンジ・オーブン・オーブントースターの使用について

電子レンジやオーブン、オーブントースターはメーカーや機種により多少差異があるので、お使いの機種に合わせて加減してください。電子レンジの加熱W数は600Wを目安にしています。

◆ 作り方について

野菜を洗うなどの工程は表記していませんが、事前に行なってください。

1章

春の野菜

ロールロールキャベツ

キャベツと
ゆで卵のコロッケ

ロールロールキャベツ

肉だねを広げて一緒にくるくる巻いていくので、キャベツ全体に味がしみわたります。

◆ **材料**（2人分）

キャベツの葉	3枚	トマトジュース	1本（200ml）
合いびき肉（牛・豚）	180g	塩・こしょう	各適量
ベーコン	4枚		
玉ねぎ	1/4個		

◆ **作り方**

1 キャベツに軽く塩をふってラップで包み、電子レンジで80秒加熱する。熱が取れたら太い葉脈をそぎ取ってみじん切りにし、3枚のうち1枚を2等分に切っておく。

2 ベーコン2枚と玉ねぎをみじん切りにし、**1**の葉脈、ひき肉と合わせて塩・こしょうをし、練り混ぜる。

3 キャベツ1枚を広げて2等分にしたキャベツ1枚を手前に重ねおき、**2**の半量を縦長く広げる。両端を折りたたんで手前から巻き込み、ベーコン1枚をひと巻きする。残りも同様に巻く。

4 **3**を耐熱の器に入れ、トマトジュースを回しかけて塩・こしょうをし、ラップをふんわりとかけて電子レンジで10分加熱する。ラップを少し開けてさらに5分加熱する。器に盛り、こしょうをふる。

キャベツ

キャベツとゆで卵のコロッケ

キャベツのシャキシャキ感と甘みがうれしいお手軽コロッケです。

◆ 材料（2人分）

キャベツの葉 ……………………… 2枚	A［ 溶き卵 ……………………… 大さじ2
ゆで卵 ……………………………… 1個	［ 薄力粉 ……………………… 大さじ4
ロースハム ………………………… 1枚	揚げ油 ……………………………… 適量
塩・こしょう …………………… 各少々	パセリ ……………………………… 適宜
生パン粉 …………………………… 適量	

◆ 作り方

1 キャベツ、ゆで卵、ロースハムはみじん切りにする。

2 1にAを加えて塩・こしょうをふり、全体がしっとりとするまで練るようにして混ぜ合わせる。

3 生パン粉に2をスプーンですくい落とし、転がしてパン粉をまぶし、形を整えてから170℃の油で色よく揚げる。器に盛り、パセリを飾る。

✦ ワンポイントMEMO ✦

コロッケのタネに薄力粉と溶き卵を混ぜることで「薄力粉→溶き卵」の工程を省略。あとはパン粉をまぶすだけなので、手を汚さずに作業をすることができます。洗い物も少なくなり一石二鳥！

キャベツのチーズスープ

キャベツとサラダチキンの
梅わさび和え

焼きキャベツの出汁煮

キャベツのチーズスープ

キャベツだけのスープもチーズのコクが加わりワンランクアップ。

◆ 材料（2人分）

キャベツ	1/4個
バター	大さじ1
ブイヨン	2カップ
（または水2カップ＋顆粒ブイヨン4g）	
ミックスチーズ	40g
塩・こしょう	各適量

◆ 作り方

1 キャベツは芯を切り落とし、せん切りにする。

2 フライパンを熱してバターを溶かし、**1**のキャベツを入れて塩少々をふる。しんなりとして水分が蒸発するまで炒め、ブイヨンを加えて10〜15分煮る。

3 **2**にミックスチーズを加えて溶かし、塩・こしょうで味を調える。

キャベツとサラダチキンの梅わさび和え

酸味と辛味のバランスが絶妙なさわやかな副菜です。

◆ 材料（2人分）

キャベツの葉	3〜4枚
サラダチキン	1枚
酒	大さじ1
A ┌ 梅肉	大さじ1と1/2
わさび	小さじ1/2
蒸し汁	大さじ2〜3
└ サラダ油	小さじ1

◆ 作り方

1 キャベツは7〜8mm幅のせん切りにする。

2 耐熱皿にサラダチキンをおいて**1**のキャベツをかぶせて酒をふり、ラップをふんわりとかけて電子レンジで3分加熱する。

3 鶏肉は細く裂き、キャベツは水気を絞る。

4 **3**をAで和える。

焼きキャベツの出汁煮

キャベツを焼くことで香ばしさをプラス。芯までしっかり食べられるメニューです。

◆ **材料**（2人分）

キャベツ ……………………… 1/4個
えんどう豆（さやから出したもの）
……………………… 1/2カップ
バター ………………………… 大さじ1
サラダ油 ……………………… 大さじ1

出汁 ……………………… 1と1/2カップ
塩・こしょう ………………… 各少々

◆ **作り方**

1 キャベツは芯を付けたまま2等分のくし切りにする。

2 フライパンを熱して半量のバターとサラダ油をなじませ、**1**のキャベツを入れて断面に焼き色がしっかり付くまで焼く。裏返して残りのバターとサラダ油を足して、同様に焼き色を付ける。

3 **2**にえんどう豆と出汁を加えて蓋をし、中火でキャベツがやわらかくなるまで10分ほど煮て、塩・こしょうで味を調える。

キャベツとツナの10分カレー

塩もみキャベツの
ちりめん丼

キャベツ

キャベツとツナの10分カレー

キャベツをちぎるからできる、包丁いらずの時短カレー。ツナと合わせて気軽に作れます。

◆ 材料（2人分）

キャベツの葉 ······················ 3枚	顆粒ブイヨン ······················ 4g
ツナ缶 ····················· 大1缶（140g）	マヨネーズ ···················· 大さじ1
オリーブ油 ·················· 大さじ1	薄口醤油 ················ 大さじ1/2
カレー粉 ············· 大さじ1と1/2	塩 ····································· 少々
トマトの水煮缶（ホール）	ごはん ···························· 適宜
···························· 1缶（400g）	

◆ 作り方

1 フライパンを熱してオリーブ油をなじませ、一口大にちぎったキャベツを炒める。しんなりしたらカレー粉を加えて炒め合わせる。

2 トマトの水煮を手でつぶし入れ、顆粒ブイヨンを加えて強火で煮立てる。

3 2に缶汁を切ったツナを加え、マヨネーズと薄口醤油、塩で味を調える。器にごはんをよそい、カレーをかける。

Column

キャベツの保存

キャベツを保存するときは、乾燥している芯の切り口を切り落とし、全体を水洗いすると中に水が浸透します。逆さにして水切りをし、保存袋に入れて冷蔵庫の野菜室で保存しましょう。

塩もみキャベツのちりめん丼

食材にほどよく塩味がきいているので、そのまま混ぜて召し上がれ。

◆ **材料**（2人分）

キャベツの葉	3枚	釜揚げしらす	30〜40g
生 姜	10g	塩吹き昆布（細切りタイプ）	
三つ葉	1束		大さじ1〜2
塩	小さじ1強	ごはん	大きめの茶碗2杯分
青じそ	6枚		

◆ **作り方**

1 キャベツ、生姜、三つ葉はみじん切りにして塩を
ふり、しばらくおく。しんなりしたらもんで、軽く
洗って水気を絞る。

2 青じそはせん切りにする。

3 器にごはんをよそって**1**をのせ、釜揚げしらすを重
ねのせて**2**と塩昆布をあしらう。

✦ **ワンポイントMEMO** ✦

キャベツのほかに、セロリや大根、きゅうりなど
でもおいしくいただけます。野菜と一緒にいただ
けるうれしい丼ものメニューです。

絹さやのナムル

絹さやのクリームチーズ和え

絹さやと海老の生姜あんかけ

絹さやのナムル

ごまの香りが食欲をそそるナムルです。

◆ **材料**（2人分）

絹さや	100g
生姜	10g
にんにく	1片
すりごま	大さじ1と1/2
醤油	大さじ1
ごま油	大さじ1/2

◆ **作り方**

1 絹さやは筋を取って塩ゆでにし、1cm幅の斜め切りにする。生姜はせん切りにし、さっと洗う。

2 にんにくをみじん切りにし、すりごま、醤油、ごま油と混ぜ合わせ、**1**を和えてしばらくおいて味をなじませる。

絹さやのクリームチーズ和え

レンチンで手軽！ シャキシャキした歯ごたえのクリーミーな和え物。

◆ **材料**（2人分）

絹さや	100g
小ねぎ	2本
クリームチーズ	50g
無糖ヨーグルト	大さじ1
塩・こしょう	各少々

◆ **作り方**

1 絹さやは斜め細切りに、小ねぎは小口切りにする。

2 絹さやとクリームチーズを耐熱容器に入れてラップをかけ、電子レンジで1分30秒〜2分加熱する。

3 **2**にヨーグルトを加え混ぜ、小ねぎ、塩・こしょうで味を調える。

絹さや・えんどう豆・そら豆

絹さやと海老の生姜あんかけ

絹さやの緑が映える、ピリッと生姜をきかせたあんかけです。

◆ 材料 (2人分)

絹さや	100g	おろし生姜	大さじ1
長芋	100g	サラダ油	大さじ1
海老	10尾	塩	小さじ1/4
片栗粉	大さじ1	A 中華スープ	1/2カップ
酒	大さじ1/2	（または水1/2カップ＋顆粒中華スープの素小さじ1/2）	
		片栗粉	小さじ1

◆ 作り方

1 絹さやは筋を取る。長芋は皮をむいて乱切りにする。

2 海老は殻をむいて背側から2枚にそぎ切って背わたを取り、片栗粉と酒を加えてよくもむ。しばらくおいてから洗い流し、水気を拭き取る。

3 フライパンを熱してサラダ油をなじませ、**1**、**2**を炒め合わせる。海老に火が通ったらAを流し入れ、煮立ててとろみがついたら火を止めて、おろし生姜を加え混ぜる。

絹さやとえんどう豆の親子煮

絹さやとバゲットのソテー

絹さやとえんどう豆の親子煮

絹さやが育って莢からとれるのがえんどう豆。だから親子煮。

◆ **材料**（2人分）

絹さや ………………… 60g	〈煮汁〉	
えんどう豆 ………… 1カップ	出汁 ………………… 2カップ	
卵 ………………… 2個	みりん ………………… 大さじ2	
桜海老 ………………… 5g	薄口醤油 ………………… 大さじ1/2	

◆ **作り方**

1 絹さやは筋を取る。えんどう豆は固ゆでにする。

2 煮汁を煮立て、**1**を加えて弱火で5〜6分煮る。

3 卵を溶いて**2**の煮汁を大さじ2加えて溶きのばし、桜海老を混ぜる。

4 **2**に**3**を渦を描くようにして流し入れ、火を止めて蓋をして半熟状になるまで蒸らす。

絹さやとバゲットのソテー

あまりがちなバゲットがおつまみにぴったりな1品に変身!

◆ 材料(2人分)

絹さや	80g	塩・こしょう	各少々
バゲット	1/4本		
にんにく	1片		
パセリのみじん切り	大さじ1		
バター	大さじ3		

◆ 作り方

1 バターを室温でやわらかくしてにんにくのみじん切りとパセリを混ぜ、しばらくおいてなじませる。

2 絹さやは筋を取る。バゲットは縦2等分に切って端から1cm弱の厚さに切る。

3 1をフライパンに入れて火にかけ、半分くらい溶けてきたら絹さやを入れ、軽く炒める。色鮮やかになったら、バゲットを入れて炒め合わせ、バゲットが色付いてきたら塩・こしょうで味を調える。

えんどう豆とそら豆のスープ煮

えんどう豆と焼き豚の
レンジおこわ

えんどう豆とそら豆のスープ煮

食感の違う2種類の豆をたっぷり楽しめるスープです。

◆ 材料（2人分）

えんどう豆	3/4カップ	顆粒ブイヨン	4g
そら豆	3/4カップ	オリーブ油	大さじ1
粗びきウインナー	2本	塩・こしょう	各少々
レタス	1枚		
水	2カップ		

◆ 作り方

1 えんどう豆と皮に切り込みを入れたそら豆は固めに塩ゆでし、そら豆は薄皮をむく。

2 粗びきウインナーはコップの底で粗く押しつぶす。

3 鍋にオリーブ油を熱して**2**を炒め、次に**1**を入れて炒め合わせ、水、顆粒ブイヨンを加えて10分ほど煮る。

4 **3**にちぎったレタスを加えて2～3分煮て、塩・こしょうで味を調える。

絹さや・えんどう豆・そら豆

えんどう豆と焼き豚のレンジおこわ

もちもちの豆おこわがレンジで簡単に作れます。

◆ **材料**（2人分）

えんどう豆 ……… 1/2カップ（70g）
餅米 ……………………………… 1合
焼き豚 ………………………… 80g
長ねぎ ………………………… 10cm

A ┌ 水 ……………………… 3/4カップ
  │ 酒 ……………………… 1/4カップ
  └ 塩 ……………………… 小さじ1/2

◆ **作り方**

1 餅米はとぎ洗いして10分ほど浸水させ、ざるに上げて水気を切る。

2 焼き豚は7〜8mm角に切る。長ねぎは2〜3mm幅の小口切りにする。

3 底の平らな耐熱の器にAを入れ、餅米を均等に入れてえんどう豆と**2**を散らし、ラップをふんわりとかけて電子レンジで15分加熱する。

4 真空状態にならないようラップをゆるめ、そのまま5分ほどおいて蒸らす。

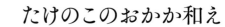
たけのこ

たけのこのおかか和え

たけのこの肉巻き照り焼き

たけのこのおかか和え

相性よしとされるたけのこと木の芽をぜいたくに使った、春を堪能できる1品。

◆ 材料（2人分）

ゆでたけのこ	小1本
木の芽	1カップ
削りがつお	10g
ポン酢醤油	適量
青じそ	適宜

◆ 作り方

1 たけのこは小さめの乱切りにする。

2 木の芽は飾り用に少量取りおき、残りは粗いみじん切りにし、もみほぐした削りがつおと混ぜ合わせ、**1**を加えて和える。

3 器に青じそを敷いて**2**を盛り、ポン酢醤油をかける。飾り用の木の芽をあしらう。

✦ ワンポイントMEMO ✦

木の芽がないときは、三つ葉や青じそ、洋風のハーブを使ってもよく合います。好みの香りを楽しんでください。

たけのこの肉巻き照り焼き

甘じょっぱい系の照り焼き味の肉巻きです。

◆ 材料（2人分）

ゆでたけのこ ……………………… 1/2本
豚肩ロース薄切り肉 ……………… 8枚
酒 ………………………………… 大さじ2
焼き肉のたれ ……………………… 大さじ1
サラダ油 ………………………… 大さじ1弱

塩・薄力粉・サラダ油 ……… 各適量

◆ 作り方

1 たけのこは縦4等分に切る。

2 豚肉を広げて軽く塩をふり、**1**を巻き込みさらにもう1枚重ね巻く。手で握り込んで豚肉を密着させ、薄力粉をまぶす。

3 フライパンを熱してサラダ油をなじませ、**2**を入れて両面焼き付ける。酒をふり入れて蓋をし、汁気がなくなったら焼き肉のたれを加えてからめながら煮詰める。

たけのこのふわとろ焼き

たけのこのクリームスープ

たけのこのふわとろ焼き

しっかり焼くとふわふわ、半生ならとろとろ。どちらも楽しめます。

◆ **材料**（2人分）

ゆでたけのこ …………………… 120g	塩・こしょう・サラダ油 …… 各少々
大和芋 …………………………… 120g	
小ねぎ …………………………… 1本	
紅生姜 …………………………… 10g	
卵 ………………………………… 1個	

◆ **作り方**

1 たけのこは小さめのサイコロ切りにする。大和芋は皮付きのまますりおろす。小ねぎは小口切りにする。紅生姜は粗めのみじん切りにする。

2 1、卵を混ぜ合わせ、サラダ油少量を熱したフライパンに1/2量を落とし入れて平らに広げ、強火で両面色よく半生状に焼き、焼き上がりに塩・こしょうをふる。同様に残りも焼く。

たけのこのクリームスープ

たけのこのかたい根元を使った、旬の時季ならではの香り高いスープです。

◆ **材料**（2人分）

ゆでたけのこの根元 ………… 100g	牛乳 ………………… 1/2カップ
玉ねぎ ……………………… 1/2個	白味噌 ………………… 大さじ1〜2
バター ……………………… 大さじ1	塩・こしょう・ゆでたけのこの穂先
水 ……………………… 1と1/2カップ	………………………… 各少々
顆粒ブイヨン ………………… 4g	

◆ **作り方**

1 たけのこの根元と玉ねぎは薄切りにする。

2 鍋にバターを溶かして玉ねぎを炒め、薄く色付いたらたけのこを加えて軽く炒め合わせる。水と顆粒ブイヨンを入れて15分ほど中火で煮、水分量が2/3〜1/2量まで煮詰める。

3 2と白味噌を合わせてミキサーにかけ、鍋に戻し入れて牛乳を加えて温め、塩・こしょうで味を調える。器に盛って薄切りにしたたけのこの穂先を浮かべ、こしょうをふる。

アスパラの卵白あんかけ

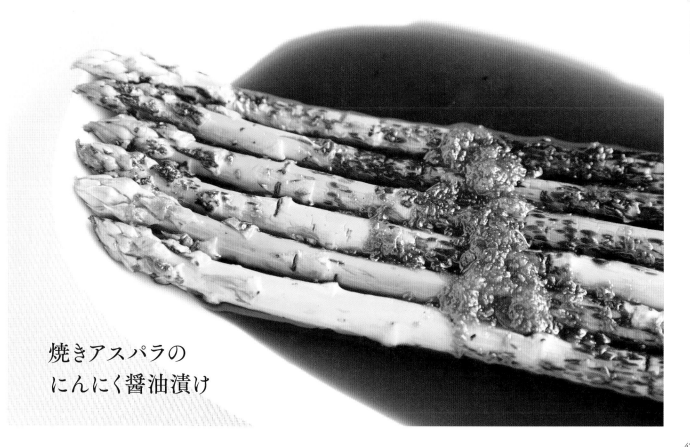

焼きアスパラの
にんにく醤油漬け

アスパラの卵白あんかけ

卵白を活用したあんかけは、火を通しすぎないのがコツ。

◆ 材料（2人分）

グリーンアスパラガス ………… 8本	牛乳 ……………………… 1/4カップ
鶏ひき肉 ……………………… 100g	塩・こしょう ……………… 各適量
生姜のみじん切り ……… 小さじ1/2	
サラダ油 …………………… 大さじ1	
卵白 ………………………… 3個分	

◆ 作り方

1　グリーンアスパラガスは長さを2等分に切って塩ゆでする。

2　卵白は牛乳を混ぜて塩・こしょう少々で味付けする。

3　フライパンにサラダ油を熱して生姜とひき肉を炒め合わせる。ひき肉がパラパラになったら**2**を加えて底から返すようにして炒め混ぜ、半熟の状態にする。

4　**1**を器に盛り、**3**をかける。

グリーンアスパラガス

焼きアスパラのにんにく醤油漬け

しっかり表面を焼くことで、アスパラガスの凝縮した濃厚さを味わえます。

◆ **材料**（2人分）

グリーンアスパラガス ……………6本
にんにく ……………………………2片
酒 ………………………………大さじ3
醤油 ……………………………大さじ3

◆ **作り方**

1 にんにくはすりおろす。

2 酒を煮立ててアルコールを飛ばし、**1**のにんにくと醤油を合わせる。

3 アスパラガスは網にのせて中火で直焼きにし、焼きたてを**2**に漬ける。漬けてすぐもおいしいが、数時間おくと、しっかり味がしみこむ。

✦ **ワンポイントMEMO** ✦

アスパラガスはオーブントースターで焼いてもOKです。その場合は、油をぬったほうが火の通りがよくなります。

スパイシー牛肉の
アスパラ巻きグリル

アスパラとちくわの
味噌マヨ炒め

スパイシー牛肉のアスパラ巻きグリル

豆板醬を組み合わせて、カレー味にほんのりピリ辛をきかせます。

◆ **材料**（2人分）

牛薄切り肉 ················· 150g		豆板醬 ················· 小さじ1/2
グリーンアスパラガス ········· 4本	A	醬油 ················· 小さじ2
サラダ油 ················· 大さじ1		カレー粉 ················· 小さじ1
赤ワイン ················· 大さじ1		
薄力粉 ················· 適量		

◆ **作り方**

1 牛肉を広げて合わせたAをぬっておく。

2 グリーンアスパラガスは2等分に切ってラップをかけ、電子レンジで1分ほど加熱する。

3 **2**のアスパラガスを2本ずつ**1**の牛肉で巻き、薄力粉を薄くまぶす。

4 フライパンを熱してサラダ油を入れてなじませ、**3**を入れて転がしながら表面を焼く。

5 赤ワインを入れて蓋をし、中火で汁気がなくなるまで蒸し焼きにする。

アスパラとちくわの味噌マヨ炒め

自然な甘みとクリーミーさがクセになります。パスタソースにしてもいけます！

◆ **材料**（2人分）

グリーンアスパラガス ……… 4〜6本	中辛味噌 ………… 大さじ1と1/2
ちくわ ……………………… 1本	A　マヨネーズ ……………… 大さじ2
ごま油 ……………… 大さじ1	生クリーム ……………… 大さじ2

◆ **作り方**

1　グリーンアスパラガスは1〜2cm幅の斜め切りにする。ちくわは縦2等分に切り、斜め薄切りにする。

2　フライパンを熱してごま油をなじませ、**1**を加えて炒め合わせ、Aを加えて味付けする。

✦ ワンポイントMEMO ✦

生クリームを加えることで、味噌の塩気をまろやかにし、砂糖やみりんを使わなくても甘さを出すことができます。

セロリと春雨のタイ風蒸し

セロリ&キウイソースの
カルパッチョ

セロリと春雨のタイ風蒸し

セロリが主役のレンチン春雨。加熱前の春雨に調味料をからめるので、全体に味がいきわたります。

◆ **材料**（2人分）

セロリ …………………………… 2本	
あさり …………………………… 200g	
緑豆春雨（乾燥）………… 120g	
にんにく ………………………… 1片	
ごま油 …………………… 大さじ1	

A {
ナンプラー ………… 大さじ1/2
醤油 ………………… 大さじ1/2
オイスターソース ……… 大さじ1
塩・粗びきこしょう …… 各少々
}

◆ **作り方**

1 セロリは葉ごと1〜2cm幅のざく切りにする。あさりは海水程度の塩水（3%濃度）に浸けて砂出ししておく。

2 春雨はたっぷりの水に10分ほど浸けて戻し、水気を切って食べよい長さにざく切りにし、Aをからめる。

3 耐熱容器にごま油を入れてみじん切りにしたにんにくとあさりを入れ、**2**の春雨を重ねおき、セロリを散らしてラップをふんわりとかける。

4 **3**を電子レンジで4〜5分加熱し、ラップを半分開けてさらに1〜2分加熱する。

5 **4**を底から返して混ぜ合わせて春雨に汁を吸わせる。

セロリ＆キウイソースのカルパッチョ

薬味とソース、ダブルセロリの新しいカルパッチョの楽しみ方。

◆ 材料（2人分）

鯛（刺身用）	150g	塩	小さじ1/4
セロリの茎	1本	塩・こしょう・ミント・レモンの皮	
キウイ	1/2個		各少々
オリーブ油	大さじ1		
はちみつ	小さじ1/2		

◆ 作り方

1 鯛の刺身は薄くそぎ切りにして皿に並べ、塩小さじ1/4をふって冷蔵庫で休ませる。

2 セロリは2等分に分け、半量はせん切りに、残り半量は小切りにする。

3 キウイの皮をむいて小切りにし、セロリの小切り、オリーブ油と合わせて共にミキサーかフードプロセッサーにかけ、はちみつ、塩・こしょうで味付けする。

4 **1**の表面の水気をキッチンペーパーで吸い取り、**3**をかけてせん切りにしたセロリとミント、すりおろしたレモンの皮を散らす。

セロリと納豆の甘酢炒め

セロリの葉と卵の炒飯

セロリと納豆の甘酢炒め

セロリと納豆の驚きの組み合わせ。食感の違いが楽しめます。

◆ 材料（2人分）

セロリ	1本	塩・こしょう	各少々
納豆	80g	A ┌ 黒酢	大さじ1と1/2
豚ひき肉	80g	A │ 砂糖	大さじ1/2
長ねぎ	1/4本	A └ 練りがらし	小さじ1/2
ごま油	大さじ1		

◆ 作り方

1 セロリは1cm角に切る。長ねぎは5mm角に切る。

2 フライパンを熱してごま油をなじませ、ひき肉を入れて固まったまま焼き付け、火が通ったらほぐす。

3 2に納豆、セロリを入れて炒め合わせ、納豆がパラパラの状態になってあまり糸を引かなくなったらAで味付けし、塩・こしょうで味を調える。

4 3を器に盛り、長ねぎを散らす。

Column

セロリの保存

セロリを保存するときは、葉と茎の境目で折り、袋のまま立てて保存します。セロリの葉の部分が栄養や水分を吸ってしまい、茎がすぐにしんなりとしてしまうのを防ぐためです。

セロリ

セロリの葉と卵の炒飯

セロリの葉が主役です！ 葉が余ったら、迷わず炒飯にしていただきましょう。

◈ 材料（2人分）

セロリの葉	2本分	ナンプラー	大さじ1
卵	1個	こしょう	少々
豆板醤	小さじ1		
固めに炊いたごはん	茶碗2杯分		
サラダ油	大さじ1と1/2		

◈ 作り方

1 卵は粗く溶きほぐし、豆板醤を混ぜる。

2 セロリの葉は1〜2cm幅のざく切りにする。

3 フライパンを熱してサラダ油をなじませ、**1**を炒めて八分通り火が通ったらごはんを入れて炒め合わせる。ナンプラー、こしょうで味を調え、最後に**2**を加えて混ぜ合わせる。

✦ ワンポイントMEMO ✦

炒めると焦げやすい豆板醤。先に卵と混ぜておくことで、焦げ付きを防げます。

にら

にらとじゃがいもの豆鼓炒め

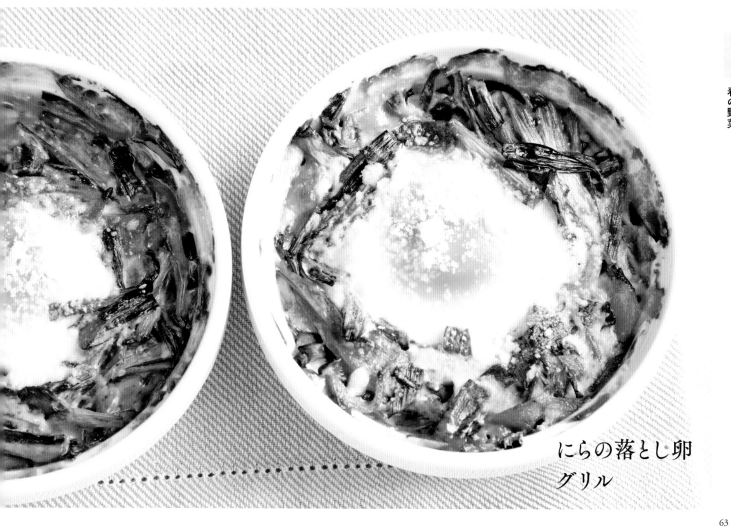

にらの落とし卵
グリル

にらとじゃがいもの豆鼓炒め

たっぷりのにらが食べられるごはんに合うおかず。食感の違いが楽しめます。

◆ **材料**（2人分）

にら	1束	サラダ油	大さじ1
じゃがいも	1個		
豚こま切れ肉	100g		
にんにく	1片		
豆鼓	大さじ2		

◆ **作り方**

1 にらは4～5cm長さに切る。じゃがいもは皮をむいてせん切りにし、水洗いしてざるに上げて水気を切る。豚肉は細切りにする。

2 にんにくはみじん切りにする。

3 フライパンにサラダ油を熱して豚肉とじゃがいもを炒める。豚肉に火が通ったら、にらを加えて炒め合わせ、にんにくと豆鼓を加えて炒め合わせる。

> ✦ **ワンポイントMEMO** ✦
>
> 中華調味料の豆鼓は、刻んで使うことが多いですが、このレシピではそのまま炒めます。味のメリハリがつき、最後まで飽きずに食べることができる、手間をかけないひと工夫です。

にらの落とし卵グリル

にらを洋風にアレンジすることで、苦手な人も食べやすくなります。

◆ 材料（2人分）

にら	1束	卵	2個
玉ねぎ	1/2個	パルメザンチーズ	大さじ2
バター	大さじ2		
醤油	大さじ1弱		
生クリーム	大さじ4		

◆ 作り方

1 にらは3〜4cm長さに切る。玉ねぎは薄切りにする。

2 フライパンを熱してバターを溶かし、玉ねぎを炒める。しんなりしたらにらを加えて炒め合わせ、醤油で味付けをする。

3 耐熱皿に**2**を入れて真ん中をくぼませ、卵を落とし入れて生クリームを回しかける。パルメザンチーズをふり、オーブントースターで10〜15分焼く。

Column

おいしく食べ切る！

にらの根元数cmの太い部分を捨てていませんか？　その部分、おいしく食べられます！　根元の部分は縦に切ると、バラバラとばらけます。あとは、葉と同様に調理すればOK。試してみてくださいね。

にらだれ冷ややっこ

にらともやしの信田巻き

にらだれ冷ややっこ

豆腐以外にも、冷麺や刺身サラダなどに使える便利だれ。

◆ **材料**（2人分）

絹ごし豆腐	1/2丁
にら	1/2束
ザーサイ	20g

A
醤油	大さじ2
ごま油	大さじ1
酢	大さじ1
砂糖	大さじ1/4

◆ **作り方**

1 にらとザーサイをみじん切りにし、Aと混ぜ合わせる。

2 絹ごし豆腐を切り分けて皿にのせ、**1**をかける。

※にらだれは、にらの色は変わるが1週間ほど冷蔵保存できる。

にらともやしの信田巻き

シンプルな野菜も油揚げで巻いて焼くことでボリューム感が出ます。

◆ **材料**（2人分）

にら	1束
もやし	1/2袋
油揚げ	2枚

A
生姜（すりおろす）	1/2片
醤油	大さじ1
みりん	小さじ1

塩	少々

◆ **作り方**

1 にらは油揚げの長辺の長さに切り、もやしと共に耐熱皿に入れて塩をふり、ラップをかけて電子レンジで2分加熱する。

2 油揚げはキッチンペーパーで押さえて油を吸い取り、3方を切って開く。

3 **2**を広げて**1**を半量ずつ並べおき、きつめに巻き込んで爪楊枝（つまようじ）で6カ所ずつとめる。

4 フライパンに**3**を並べ入れ、中火で転がしながら表面をパリッとさせて焼き色を付ける。切り分けて、合わせたAのたれを切り口にかける。

2章

夏の野菜

つぶしトマトの冷製パスタ

トリプルトマトサラダ

夏野菜のトマトだし

トマト

つぶしトマトの冷製パスタ

フレッシュなトマトの果肉がほどよく残り、細めのパスタとよくなじみます。

◆ 材料（2人分）

完熟トマト	小3個	青じそ	2枚
出汁	1/4カップ	長ねぎ	1/4本
レモン汁	大さじ1	フェデリーニ	120g
塩	小さじ1/4	塩	適量
オリーブ油	大さじ1		

◆ 作り方

1 トマトはヘタを取り、横に2等分に切って種を取る。ざく切りにしてボウルなどに入れ、コップの底で果肉をつぶす。出汁、レモン汁、塩を加え、しばらくおいてなじませる。

2 青じそは細切り、長ねぎは白髪ねぎにし、合わせて水に晒す。

3 鍋に湯を沸かして約1%の塩加減にして、フェデリーニをやわらかめにゆで上げる。氷水に入れて冷やし、すぐにざるに上げて水気を切り、**1**と合わせる。

4 器に**3**を盛り、水気を切った**2**を周囲に散らしてオリーブ油を垂らす。

Column

ロングパスタの名前

パスタは麺の太さによって名前が変わります。1.9mmは「スパゲッティー」、1.6mm前後が「スパゲッティーニ」、1.3mm前後が「フェデリーニ」、1.0mm前後が「カッペリーニ」と呼ばれます。そのほかにもいろいろと種類があり、料理により使い分けがされています。

トリプルトマトサラダ

ガスパチョのようなトマト尽くしの飲むサラダです。

◆ **材料**（2人分）

トマト	2個
ミニトマト	8個
カットパイナップル	4〜6切れ
イタリアンパセリ	適量

A［ 玉ねぎのみじん切り …… 大さじ4
ピクルスのみじん切り …… 大さじ1

B［ レモン汁 …… 大さじ2
薄口醤油 … 大さじ1/2
はちみつ … 大さじ1/2
サラダ油 …… 大さじ3
塩・こしょう … 各少々

◆ **作り方**

1 トマト1個は10〜12切れにくし形切り、ミニトマトは2等分に切る。パイナップルは薄切りにする。

2 トマト1個はヘタを取ってざく切りにし、Bと合わせてミキサーにかけ、ボウルに移してAを混ぜ合わせる。

3 1を合わせて器に盛り、**2**をかけてイタリアンパセリをあしらう。

夏野菜のトマトだし

山形の郷土料理、だしをアレンジ。梅と生姜が味を引き締めてくれます。

◆ **材料**（作りやすい量）

トマト	2個
きゅうり	1本
なす	1/2本
オクラ	4本
生姜	10g
梅干し	2個

A［ 水 …… 200ml
塩 …… 大さじ1/2

B［ 粉がつお …… 大さじ1
昆布茶 … 小さじ1
塩 …… 小さじ1/2

◆ **作り方**

1 きゅうり、なすをみじん切りにし、Aの塩水に浸す。

2 トマトと梅干しは種を取り、生姜、オクラと共にみじん切りにし、Bを加えて粘りが出るまで混ぜ合わせる。

3 1をざるにあけ、軽く水気を絞って**2**と合わせて粘りが出るまで混ぜ合わせる。

夏の野菜

トマトと豚ヒレ肉の
チーズ焼き

トマトと鶏手羽先の
ソーキ汁

トマト

トマトと豚ヒレ肉のチーズ焼き

重ねて焼くだけのごちそうメニュー。とろりとした長芋とチーズがたまりません！

◆ **材料**（2人分）

豚ヒレ肉	200g	パセリのみじん切り	適宜
トマト	2個		
長芋	10〜12㎝		
ミックスチーズ	60g		
塩・こしょう	各適量		

◆ **作り方**

1 豚肉は1㎝厚さに切って塩・こしょう少々をふり、手のひらで倍の面積に押し広げる。

2 トマトはヘタを取って5〜6㎜厚さの輪切りにする。

3 長芋はたわしでこすり洗いしてからすりおろし、ミックスチーズを混ぜる。

4 耐熱容器に**1**と**2**を交互に重ね入れ、塩・こしょうをふって**3**をかけ、オーブントースターで15分ほど焼き、パセリを散らす。

✦ **ワンポイントMEMO** ✦

長芋は皮をむかなくても、たわしでこすり洗いすればOKです。

トマトと鶏手羽先のソーキ汁

トマトはまるごと豪快に！ 3つの食材だけのシンプルな汁物です。

◆ 材料（2人分）

鶏手羽先肉	4本
早煮昆布	20cm
トマト	小2個
水	4カップ
塩	小さじ1/2〜2/3

◆ 作り方

1 鶏手羽先肉はざるに並べて熱湯をかけ、水気を拭く。

2 早煮昆布は分量の水に浸ける。やわらかくなったら縦に裂いてゆるい団子結びにする。

3 トマトはヘタを取り、反対側に十文字の切り込みを入れる。

4 **1**と**2**の浸け汁を合わせて鍋に入れ、強火にかけて煮立てる。アクをすくった後、火を弱めて15〜20分煮る。吸い物程度に塩（約1％）で味付けし、トマトを加えてごく弱火で5分ほど煮る。

✦ ワンポイントMEMO ✦

火が強すぎるとトマトが煮崩れてしまうので、最後の**4**はごく弱火で静かに煮ることがポイントです。

きゅうり

塩もみきゅうりの
巻き寿司仕立て

きゅうり

塩もみきゅうりの
巻き寿司仕立て

きゅうりと生姜の醤油漬け

塩もみきゅうりの巻き寿司仕立て

きゅうりをごはんに見立てて、おしゃれな1品ができました。

◆ **材料**（2人分）

帆立貝柱（刺身用）············· 70〜80g
きゅうり ······························ 2本
塩・薄口醤油 ······················· 各適量

◆ **作り方**

1 帆立は縦長に細切りにし、塩少々をふってしばらくおく。

2 きゅうりは小口から薄切りにし、塩をふってしばらくおき、しんなりしてきたら体重をかけて手のひらで押し、水分を出す。味見をして塩気を確認し、強いようであれば軽く洗い、水気をきつく絞る。

3 巻き簾にラップを広げ、**2**を寿司飯の要領で四角く広げる。水気を拭き取った**1**の帆立を横一文字において細巻きを作る要領でラップごと巻く。

4 **3**を長さ6等分にして器に盛り、ラップを外す。切り口の帆立に薄口醤油を1滴ずつ落とす。

きゅうりと生姜の醤油漬け

きゅうりにしっかり味がしみて、箸休めになるおかず。常備菜に。

◆ 材料（作りやすい量）

きゅうり	3本	酒	1/4カップ
塩	大さじ1/2	A ┌ 醤油	1/2カップ
生姜	20g	└ 酢	1/4カップ
日高昆布	5cm		
みりん	1/4カップ		

◆ 作り方

1 きゅうりは乱切りにし、塩をふって20分ほどおき、軽く洗って水気を絞る。

2 生姜はせん切りにする。昆布は水で湿らせてやわらかくしてから、キッチンばさみで細切りにする。

3 みりんと酒を鍋に入れて火にかけ、煮立ててアルコール分を飛ばす。

4 3にAと昆布を入れて煮立て、1のきゅうりを加えて1〜2分煮る。鍋ごと冷水に当てて冷まし、生姜を加える。2〜3時間後から食べられ、1カ月ほど冷蔵保存できる。

ラムグリルの
きゅうりソース

たたききゅうりの
ごまがつお和え

ラムグリルのきゅうりソース

きゅうりのすりおろしソースで、香ばしく焼いたラム肉がさっぱりいただけます。

◆ **材料**（2人分）

ラムチョップ	4本	塩・こしょう	各少々
きゅうり	1本	スペアミント	適宜
塩	小さじ1/2〜1		
レモン汁	小さじ2		
はちみつ	小さじ1		

◆ **作り方**

1 ラムチョップは冷蔵庫から出して室温に戻して塩・こしょう少々をふり、両面焼き魚焼きグリルで7〜8分焼く。

2 きゅうりはすりおろし、塩小さじ1/2〜1、レモン汁、はちみつを合わせ、塩が溶けるまで混ぜる。

3 **1**のラムチョップを器に盛り、**2**のソースをかけ、スペアミントを添える。

たたききゅうりのごまがつお和え

きゅうりをたたき割ることで、断面に粉がつおやごまがからみやすくなります。

◆ **材料**（2人分）

きゅうり	2本
ごま油	大さじ1
煎りごま	大さじ1
粉がつお	大さじ1
塩	小さじ1/2

◆ **作り方**

1 きゅうりはすりこ木でたたいて割り、食べやすい大きさに割りほぐす。

2 1のきゅうりにごま油をまぶし、煎りごま、粉がつお、塩をまぶす。

✦ ワンポイントMEMO ✦

冷蔵庫などにしばらくおいておくと、きゅうりの汁気が出てくるので、汁ごとそうめんなどと和えてもおいしいです。夏の暑いときの昼食に。

なす巻き餃子

なすと干し海老のくたくた煮

なす

なす巻き餃子

糖質カットの新感覚餃子。なすの水気を取るのがポイントです。

◆ **材料**（2人分）

なす	3本	酒	1/4カップ
豚ひき肉	60g	サラダ油	大さじ1/2〜1
小ねぎ	1本	A 醤油	小さじ1
生姜	5g	みりん	小さじ1/2
キャベツ	1枚	片栗粉	小さじ2
にら	1/2束	ごま油	小さじ1

◆ **作り方**

1 小ねぎ、生姜はみじん切りにする。

2 キャベツ、にらはそれぞれみじん切りにし、ボウルに入れ多めの塩（分量外）をふってしっかりもむ。さっと水洗いして水気をきつく絞る。

3 ひき肉、**1**、**2**、Aを練り合わせ、冷蔵庫で冷やしておく。

4 なすは縦に5〜6mm厚さに切り、両端の皮の部分は格子の切り目を入れ、ざるに並べて塩（分量外）をふってしばらくおく。しんなりしたら塩を洗い落とし、布巾にはさんで押さえるようにしてきつく水気を取る。

5 **4**で**3**を巻き込み、巻き終わりを爪楊枝でとめる。サラダ油を熱したフライパンに並べて焼き色をつけ、酒をかけて蓋をして中火で汁気がなくなるまで蒸し焼きにする。

なすと干し海老のくたくた煮

なすに味がしっかりしみ込んで、ごはんのおかずにぴったりです。

◆ 材料（2人分）

なす	……………………………	4本
干し海老	………………………	20g
A	醤油 ……………………	大さじ1
	酒 ………………………	大さじ1
	みりん …………………	大さじ1/2

◆ 作り方

1 なすはヘタを取って縦2等分に切り、皮に細かく切り目を入れる。

2 干し海老は1カップ強の水（分量外）でふやかす。

3 1のなすを鍋に並べ入れて、2を戻し汁ごと入れ、なすがかぶるまで水を足す。

4 中火で煮立て、Aを加えて火を弱め、なすがやわらかくなるまで煮る。そのまま冷まして味を含ませる。

✦ ワンポイントMEMO ✦

なすを煮るときの鍋は、なすが隙間なくきちっと入るサイズがベストです。なすがひたひたに浸かる煮汁がいるので、鍋が大きすぎるとその分、煮汁が必要です。つまり、煮る時間も長くなり、なすが煮崩れしやすくなってしまいます。鍋の大きさにも注目してみましょう。

焼きなすのジュレ

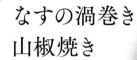

なすの渦巻き
山椒焼き

なすの醤油まぶし唐揚げ

なす

焼きなすのジュレ

琥珀色の美しいジュレがシンプルな焼きなすを引き立てます。

◆ **材料**（2人分）

なす	3本	生姜汁	小さじ1/2
粉ゼラチン	3g	みょうが	1個
出汁	3/4カップ		
みりん	大さじ1/2		
薄口醤油	大さじ1		

◆ **作り方**

1 なすは真っ黒になるまで焼き、そのまま冷ます。ヘタを取って皮をむき、縦4〜6切れに裂く。

2 粉ゼラチンを出汁にふり入れてふやかし、火にかけて完全に煮溶かしてから、みりん、薄口醤油、生姜汁で味付けをし、氷水に当ててとろみをつける。

3 みょうがは小口から薄切りにし、水に晒す。

4 1のなすを器に盛り、2をかけて3を天盛りにする。

Column

なすのアク

アク抜きが必要だと思われているなす。今のなすはアクが少なく、水に浸けなくてもおいしさは変わりません。また、なすは水を吸いやすいので、揚げ物にする場合は、塩をふってしばらくおき、水気を絞ってから揚げると甘みも増して上手に仕上がります。

なすの渦巻き山椒焼き

なすを手でぐっとつぶして水気を取ると、巻きやすくなります。

◆ 材料（2人分）

長めのなす	2本	片栗粉	大さじ1
塩	小さじ1	薄力粉	大さじ1
粉山椒	小さじ1/2	ごま油	大さじ1
		イタリアンパセリ	適宜

◆ 作り方

1 なすはヘタを取って縦2等分に切り、皮に格子状の切り込みを入れる。

2 塩と粉山椒を混ぜ合わせ、**1**の皮目にすり込むようにしてまぶしつけ、30分ほどおいてしんなりさせる。

3 **2**の水気を絞り、皮が外になるように渦巻きに成形し、手のひらで押さえて円盤状にし、爪楊枝を刺す。

4 片栗粉と薄力粉を合わせ、**3**にまぶしつけ、粉がべたつくまでしばらくおく。

5 フライパンを熱してごま油をなじませ、**4**を強火で両面焼く。器に盛り、イタリアンパセリをあしらう。

なすの醤油まぶし唐揚げ

粉がべたつくまでおくと、驚くほどカリッと揚がります。

◆ 材料（2人分）

なす	2本	片栗粉	
醤油	大さじ1〜2		大さじ1と1/2
薄力粉		揚げ油	適量
	大さじ1と1/2	七味唐辛子	適宜

◆ 作り方

1 なすはヘタを取り、乱切りにする（水晒ししない）。

2 **1**に醤油をふりかけて吸い込ませる。

3 大きめの保存袋に薄力粉と片栗粉を入れる。**2**を入れて袋をふくらませ、ふって粉をまんべんなくまぶしてバットに広げ、粉がべたつくまでしばらくおく。

4 190℃の揚げ油で**3**を色よく揚げ、好みで七味唐辛子をふる。

夏の野菜

93

ピーマンと
ちりめんじゃこの酢の物

とろろ詰めピーマンの出汁煮

ピーマンとちりめんじゃこの酢の物

赤ピーマンを加えて色鮮やかに。やさしい酸味がうれしい1品。

◆ **材料**（2人分）

ピーマン	2個	酢	大さじ2
赤ピーマン	1個	A 砂糖	大さじ1と1/2
ちりめんじゃこ	30g	塩	ひとつまみ

◆ **作り方**

1 ピーマンと赤ピーマンは種を取ってせん切りにする。

2 鍋に湯を沸かして**1**のピーマンとちりめんじゃこを入れ、再び煮立ったらざるに上げて水気を切る。

3 **2**をAで和える。

Column

ピーマンの色

緑ピーマンが完熟すると赤ピーマンになります。緑ピーマンより甘さがあるので、ピーマンの青くささが苦手な人は、赤ピーマンを選ぶと食べやすいです。緑ピーマンと同様に料理してOKです。

ピーマン

とろろ詰めピーマンの出汁煮

ふんわりした大和芋ベースのタネをピーマンの中に詰め込みました。

◆ 材料（2人分）

ピーマン	6個	白味噌	大さじ1
大和芋	70g	A 出汁	1カップ
にんじん	30g	みりん	大さじ2
ツナ缶	小1缶（60g）	薄口醤油	大さじ1と1/2
生姜汁	大さじ1/2		

◆ 作り方

1 大和芋は皮ごとすりおろす。にんじんはみじん切りにする。

2 **1**、汁気を切ったツナを混ぜ合わせ、生姜汁と白味噌で味付けをする。

3 ピーマンの上部を切り落とし（取っておく）、種を抜き取って**2**を詰め込む。

4 鍋に**3**をヘタを合わせて並べ入れて、Aを注ぎ入れて蓋をしてごく弱火で10分ほど煮る。

✦ ワンポイントMEMO ✦

詰め込んだタネが出てきてしまわないように、ピーマンのヘタで蓋をして煮ます。ヘタにも味がしみ込んで、おいしく食べられます。

ピーマンチャンプルー

ピーマンとひき肉のチヂミ

ピーマンチャンプルー

ゴーヤが定番のチャンプルーをピーマンでアレンジ。削りがつおで味にコクを出します。

◆ **材料**（2人分）

ピーマン	5個	醤油	大さじ1
ゆでだこ	80g	豆板醤	小さじ1
木綿豆腐	1/2丁		
削りがつお	5g		
ごま油	大さじ1		

◆ **作り方**

1 ピーマンは種を取って乱切りにする。ゆでだこは7〜8mm厚さのそぎ切りにする。

2 木綿豆腐は一口大にちぎる。

3 フライパンにごま油を熱し、**2**を入れて水分が飛んでしっかり焼き色が付くまで焼く。

4 **3**に**1**を加えて炒め合わせ、豆板醤と醤油で味付けして器に盛り、最後に削りがつおをふる。

ピーマンとひき肉のチヂミ

ピーマンの存在感が際立つチヂミ。ピリ辛だれがよく合います。

◆ 材料（2人分）

豚ひき肉	150g	塩・こしょう	各少々
ピーマン	4個	A 醤油	大さじ1
薄力粉	大さじ1と1/2	コチュジャン	大さじ1
卵	2個		
サラダ油	大さじ1		

◆ 作り方

1 ピーマンは縦2等分に切って種とヘタを取り、繊維に直角に細切りにし、薄力粉をまぶす。

2 卵を溶きほぐして塩・こしょうをし、ひき肉と **1** のピーマンを混ぜ合わせる。

3 フライパンを熱してサラダ油をなじませ、**2** を1/8量ずつ流し入れ、焼き色が付いたら裏返して焼き上げる。

4 **3** を器に盛り、混ぜ合わせたAを添える。

✦ ワンポイントMEMO ✦

縦に繊維が入っているピーマンは切り方で食感が変わります。このレシピでは、やわらかい食感になるよう、繊維を断ち切るように切っており、火の通りも早くなります。繊維に沿って縦に切ると歯ごたえを残すことができます。

ズッキーニとキャベツの
ココナッツ風味

ズッキーニとトマトのオムレツ

ズッキーニとキャベツのココナッツ風味

カレーに欠かせない香りのスパイスであるクミンを使ったエスニック副菜。カレーの付け合わせに合います。

◆ **材料**（2人分）

ズッキーニ	1本	クミン	小さじ1/2
キャベツ	2枚	赤唐辛子	1本
サラダ油	大さじ1	無糖ヨーグルト	大さじ4
塩	小さじ1/2		
ココナッツフレーク	1/4カップ		

◆ **作り方**

1 ズッキーニは縦4つ切りにして1cm厚さに切る。キャベツは5mm幅の細切りにする。

2 フライパンにサラダ油、クミン、赤唐辛子を加えて弱火にかけ、香りが立ったら**1**を入れて塩をふり、炒め合わせてから蓋をして2〜3分蒸す。

3 火を止めてから**2**にヨーグルトとココナッツフレークを加え混ぜる。

ズッキーニとトマトのオムレツ

ズッキーニがぎっしり詰まったボリューム満点のオムレツです。シンプルな味がうれしい。

◆ **材料**（3～4人分）

ズッキーニ ………………… 2本	塩・こしょう ……………… 各適量
トマト ……………………… 1個	
オリーブ油 ………… 大さじ3	
卵 …………………………… 4個	
牛乳 ………………… 大さじ3	

◆ **作り方**

1 ズッキーニは薄い輪切りにする。トマトはヘタを取って1cm厚さのくし形切りにする。

2 オリーブ油大さじ1 1/2を熱してズッキーニを炒め、透き通ったらトマトを加えて軽く炒め合わせ、塩・こしょう少々をふる。

3 卵を溶きほぐして塩・こしょうで味付けし、牛乳を加え混ぜる。

4 フライパンに残りのオリーブ油を熱して**3**を流し入れ、ザッとかき混ぜて**2**をのせて2つ折りにする。

✦ **ワンポイントMEMO** ✦

オムレツの難関、「卵液で具を上手に包めない」場合も大丈夫。器に盛った後、布巾やキッチンペーパーの上からラグビーボール形に手で包み込むように成形すればきれいな形になります。

ズッキーニと
なすのラザニア

ズッキーニと
アンチョビの塩マフィン

ズッキーニ

ズッキーニとなすのラザニア

薄切り野菜にチーズと濃厚なソースがからみ、とろとろに焼き上がります。

◆ **材料**（作りやすい量）

ズッキーニ	2本	パルメザンチーズ	大さじ2
なす	2本	オリーブ油	大さじ1と1/2
ホワイトソース	1カップ	塩・こしょう	各適量
ミートソース	1カップ		
モッツァレラチーズ	1個		

◆ **作り方**

1 ズッキーニは長さを2等分に切り、縦長に薄切りにする。なすはズッキーニ同様の厚さに縦に切り、塩少々をふってしばらくおき、出てきた水分をキッチンペーパーで押さえ取る。

2 フライパンにオリーブ油を熱して**1**を炒め、塩・こしょう少々をふる。

3 モッツァレラチーズは薄切りにする。

4 耐熱容器にオリーブ油（分量外）をぬり、なす、ミートソース、モッツァレラチーズ、ズッキーニ、ホワイトソースの順に2度重ね、パルメザンチーズをふって220℃のオーブンで15分焼く。

ズッキーニとアンチョビの塩マフィン

表面はカリッ、中はしっとりの塩味がきいたおかずマフィンです。

◆ **材料**（150mlサイズのプリン型8個分）

ズッキーニ ……………………… 2本		
薄力粉 ………………… 大さじ1と1/2		
赤ピーマン …………………… 1個		
アンチョビ …………………… 10本		
イタリアンパセリ …………… 適宜		

A
- 強力粉 …………………… 120g
- 薄力粉 …………………… 60g
- ベーキングパウダー … 小さじ1

B
- 卵 ……………………………… 1個
- サラダ油 ………… 大さじ2と1/2
- 砂糖 …………………… 大さじ1
- 塩 ……………………… 小さじ1/2
- 牛乳 …………………… 1/2カップ
- 生クリーム ………… 1/2カップ

◆ **作り方**

1 ズッキーニは縦4つ切りにして端から1〜2cm長さに切り、薄力粉をまぶしておく。赤ピーマンは5mm角に切り、アンチョビは小切りにする。

2 プリン型にサラダ油（分量外）をぬって薄力粉（分量外）をふり、余分な粉を落とす。

3 Bをボウルに入れ、卵が溶きほぐれるまで泡立て器でよく混ぜ合わせる。Aの粉類を合わせてふるい入れ、生地が滑らかになるまでよく混ぜ、**1**を加えてざっくりと混ぜ合わせる。

4 **2**の型に**3**を分け入れ、180℃のオーブンで20〜25分焼く。器に盛り、イタリアンパセリを添える。

枝豆と明太子のちょぼ焼き

枝豆ポークビーンズ

枝豆と明太子のちょぼ焼き

ちょっとした軽食に。枝豆の食感と明太子の辛さが後を引きます。

◆ 材料（2人分）

枝豆（さや付き）………… 1袋（250g）
辛子明太子 …………………………… 1本
ミックスチーズ …………………… 40g
サラダ油 …………………… 大さじ1

A
┌ 薄力粉 ………………… 大さじ6
│ 卵 ……………………………… 1個
└ 水 ………………… 大さじ1/2

◆ 作り方

1 枝豆は塩（分量外）をふって板ずりし、たっぷりの沸騰湯に入れて4〜5分ゆでる。冷ましてさやから実を取り出す。辛子明太子は縦2等分に切り、端から1cm幅に切る。

2 Aを滑らかになるまで手で混ぜ合わせ、**1**、ミックスチーズを入れて底から返すようにしてやさしく混ぜ合わせる。

3 熱したフライパンにサラダ油を入れてなじませ、**2**を一口サイズに落とし入れ両面を色よく焼き上げる。

> **✦ ワンポイントMEMO ✦**
>
> 大正時代に関西で、小麦粉を水で溶いて焼いた「ちょぼ焼き」があったそうです。たこ焼きの原型といわれており、子どもたちに人気のおやつだったとか。

枝豆ポークビーンズ

良質なたんぱく質を含む枝豆。心地よい食感も楽しめます。

◆ 材料（2人分）

豚肩ロース薄切り肉 ……………… 150g	トマトの水煮缶（ホール）
枝豆（さや付き）………… 1袋（250g）	……………………………… 1缶（400g）
玉ねぎ …………………………… 1/2個	オリーブ油 ………………………… 大さじ2
にんにく ………………………… 1片	塩・こしょう ……………………… 各適量

◆ 作り方

1 豚肉は3cm幅に切る。枝豆は強めに塩加減した沸騰湯で4〜5分ゆで、冷ましてさやから実を取り出す。玉ねぎ、にんにくはみじん切りにする。

2 フライパンにオリーブ油を熱して玉ねぎ、にんにくを炒める。少し色付いてきたら豚肉を加えて炒め合わせ、トマトの水煮を手でつぶし入れ、蓋をして20分ほど煮る。

3 **2**に枝豆を入れて5分ほど煮、塩・こしょうで味を調える。

さやごと枝豆の
にんにく醤油

枝豆と夏野菜の
ゼリー寄せ

枝豆

さやごと枝豆のにんにく醤油

香ばしい香りと焼き色が食欲をそそります。

◆ **材料**（2人分）

枝豆（さや付き）…………… 1袋（250g）
にんにく ………………………… 大1片
赤唐辛子 ………………………… 1本
オリーブ油 ……………………… 大さじ1
醤油 ……………………………… 大さじ1

◆ **作り方**

1 枝豆は塩（分量外）をふって板ずりし、たっぷりの沸騰湯に入れて4～5分ゆで、ざるに上げて水気を切る。

2 にんにくは粗いみじん切りにする。赤唐辛子は種を取り、ぬらして輪切りにする。

3 フライパンにオリーブ油と**2**を入れて弱火にかけ、にんにくの香りが立ったら**1**を加えて中火で炒め合わせる。

4 **3**を強火にして、醤油を回し入れて手早く炒め合わせる。

枝豆と夏野菜のゼリー寄せ

すだちの酸味がアクセント。カラフルで涼やかなゼリー寄せです。

◆ **材料**（4個分）

枝豆（さや付き）	200g（むき身100g）
オクラ	3本
とうもろこし	1/2本
ミニトマト	4個

すだち	適量
A 出汁	1と1/2カップ
塩	小さじ1/2
薄口醤油	小さじ1
粉ゼラチン	2袋（10g）

◆ **作り方**

1 枝豆とオクラは塩大さじ1/2ぐらい（分量外）をふって板ずりする。たっぷりの沸騰湯に枝豆を入れて4〜5分ゆでたところで、オクラを入れてひと混ぜし、氷水にとって冷ます。枝豆はさやから実を取り出し、オクラは1〜2cm幅に切る。

2 とうもろこしは実を切り離す。ミニトマトは皮を湯むきする。

3 Aを鍋に入れて10分ほどおいてゼラチンをふやかした後、ゼラチンが溶ける程度に温める。ボウルに移して氷水に当ててとろみをつけ、**1**、**2**を加え混ぜてラップで茶巾包みにしてゴムで縛り、氷水に入れて冷やし固める。

4 **3**のラップを外して、薄切りしたすだちを並べた器に盛る。

✦ **ワンポイントMEMO** ✦

ガラスの器に入れて冷やし固めても。ゼリーの形状はお好みでOKです。

オクラ

オクラと鶏肉のおかか炒め

麻婆オクラ

オクラ

オクラと鶏肉のおかか炒め

削りがつおと醤油の香ばしさがたまらない、鶏肉と夏野菜のボリュームおかず。

◆ **材料**（2人分）

鶏もも肉	1枚	削りがつお	5g
オクラ	6本	塩・こしょう	各少々
セロリ	1本		
サラダ油	大さじ1		
醤油	大さじ1		

◆ **作り方**

1 鶏もも肉は塩・こしょうをする。皮を下にして熱したフライパンに入れて、フライ返しで押さえながら皮が色よくパリッとなるまで焼き、皮から出た脂はキッチンペーパーで吸い取る。裏返して両面が焼けたら取り出し、2cm幅の拍子木切りにする。

2 オクラはガクを取って斜め2等分に切り、セロリは1cm幅の斜め切りにする。

3 フライパンを熱してサラダ油をなじませ、**1**を入れて炒め、次に**2**を加えて炒め合わせる。火を止めて醤油で味付けし、削りがつおを入れてまぶす。

オクラ

麻婆オクラ

オクラをたっぷり使った、彩りのよいアレンジ麻婆豆腐。

◆ 材料 (2人分)

木綿豆腐	1/2丁	サラダ油	大さじ1と1/2
牛ひき肉	100g	水	3/4カップ
オクラ	10本	顆粒中華スープの素	小さじ3/4
にんにく	1片	豆鼓	大さじ1
豆板醤	小さじ1	醤油	大さじ1と1/2
		片栗粉	大さじ1/2

◆ 作り方

1 木綿豆腐は2cm角に切り、ざるに入れて水切りする。

2 オクラはガクを取って軽くゆでて長さを4等分にする。

3 中華鍋を熱してサラダ油をなじませ、豆板醤を入れて軽く炒める。香りが立ったらひき肉、みじん切りにしたにんにくを加えて炒め合わせる。次に水と中華スープの素を加え、煮立ったら木綿豆腐、オクラを加えて1～2分弱火で煮る。

4 3を豆鼓、醤油で味付けし、同量の水(分量外)で溶いた片栗粉でとろみをつける。

オクラとめかぶのトロトロ小鉢

オクラとたこの生姜酢

オクラとめかぶのトロトロ小鉢

暑い季節にぴったりの火を使わないクイックメニュー。

◆ 材料（2人分）

オクラ	4本
めかぶ	1/4カップ
おろしにんにく	小さじ1/2
味噌	小さじ2

◆ 作り方

1 オクラは生のまま薄切りにする。

2 めかぶ、にんにく、味噌を混ぜ合わせ、味噌の塊がなくなったら**1**を加え混ぜる。

オクラとたこの生姜酢

オクラは切り方に変化をつけることで、食感の違いが楽しめます。

◆ 材料（2人分）

		〈生姜酢〉	
オクラ	5本	酢	大さじ3
ゆでだこ	100g	出汁	大さじ3
塩	適量	生姜汁	大さじ1/2
生姜	5g	薄口醤油	大さじ1

◆ 作り方

1 たこは薄くそぎ切りにする。

2 オクラはガクを切り落とし、塩をふって板ずりにし、そのまま塩ゆでにして冷水にとって色止めする。4本を縦2等分に切って種を取ってみじん切りにし、残り1本を斜め切りにする。

3 生姜はせん切りにし、水に晒す。

4 **1**、**2**を器に盛り、混ぜ合わせた生姜酢をかけ、**3**をあしらう。

3章

秋の野菜

納豆の陣笠焼き

しいたけと
きくらげのうま煮

焼きしいたけと小松菜の
海苔マヨ和え

納豆の陣笠焼き

しいたけのうまみが納豆ダネの味をさらに引き立てます。

◆ **材料**（2人分）

生しいたけ ………… 6枚	削りがつお ……… 5g
納豆 ……………… 40g	卵黄 ………… 1個分
小ねぎ ……………… 2本	A 醤油 ……… 小さじ1
サラダ油	薄力粉 ……… 大さじ1
……… 大さじ1と1/2	

◆ **作り方**

1 生しいたけは石づきを切り落とし、かさの裏に薄力粉（分量外）をふっておく。

2 納豆は包丁でたたいてみじん切りにし、小口切りにした小ねぎとAを混ぜ合わせる。

3 **1**のかさの部分に**2**をぬり込み、全体に薄力粉（分量外）をつける。

4 フライパンにサラダ油を熱して**3**のしいたけの表面を下にして焼き、火が通ったら裏返して納豆の面をしっかり焼く。

しいたけ

しいたけときくらげのうま煮

味わい深いダブルきのこの炒め煮。常備菜になります。

◆ **材料**（作りやすい分量）

裏白きくらげ ……… 30g	煎りごま ……… 大さじ2
生しいたけ ……… 10枚	酒 ………… 大さじ2
ごま油 ……… 大さじ2	A 砂糖 ……… 大さじ2
出汁 ……… 2カップ	醤油 ……… 大さじ2

◆ **作り方**

1 裏白きくらげを保存袋に入れてぬるま湯を入れ、空気を抜いて口を閉じ、1〜2時間おいて戻す。水気を切ってせん切りにする。

2 生しいたけは石づきを落とし、5mm厚さの薄切りにする。

3 鍋を熱してごま油をなじませ、**1**、**2**を加えて炒め合わせる。出汁を注ぎ入れて蓋をし、10分ほど煮てからAを加え、煮汁がなくなるまで煮詰め、煎りごまを混ぜる。

焼きしいたけと小松菜の海苔マヨ和え

しいたけは、焼くと香ばしさが立ち、うまみが凝縮されます。

◆**材料**（2人分）

生しいたけ ……………………… 6枚
小松菜 ……………………………… 1/2束

青海苔 ……………………… 大さじ2
A マヨネーズ …… 大さじ1と1/2
醤油 …………………… 大さじ1/2
出汁 ……………………… 大さじ1

◆**作り方**

1 生しいたけは石づきを切り落として網にのせて直焼きにし、薄切りにする。

2 小松菜は3cm長さに切る。耐熱容器に入れ、ラップをふんわりかけて電子レンジで3分加熱する。水にとって冷まし、水気を絞る。

3 **1**のしいたけ、**2**の小松菜をAで和える。

マッシュルームと
パルメザンチーズのサラダ

マッシュルームスープ

131

マッシュルームとパルメザンチーズのサラダ

生のマッシュルームのパリッとした歯ごたえと、チーズの濃厚な味を一緒に楽しむサラダです。

◆ **材料**（2人分）

マッシュルーム ･･････････････････ 6個	塩・こしょう ･･････････････････ 各少々
パルメザンチーズ（塊）･････････ 30g	
クレソン ･･････････････････････ 1束	
オリーブ油 ･･････････････････ 大さじ2	
バルサミコ酢 ･･････････････ 大さじ1/2	

◆ **作り方**

1 マッシュルームは石づきを切り落とし、キッチンペーパーで汚れを落とし、1〜2mmの薄切りにする。パルメザンチーズは薄切りにし、クレソンは葉を摘む。

2 マッシュルームとパルメザンチーズを飾り用に少し取りおき、残りを合わせてオリーブ油をからめ合わせ、バルサミコ酢、塩・こしょうで味付けをする。

3 器に飾り用のマッシュルームを敷いて、**2**を盛り、パルメザンチーズを散らす。

マッシュルームスープ

生のマッシュルームをそのままいただくスープです。飾り用のマッシュルームを添えて華やかに。

◆ 材料（2人分）

マッシュルーム	80〜100g	顆粒ブイヨン	2g
玉ねぎ	1/4個	牛乳	1カップ
バター	大さじ1	塩・こしょう	各少々
薄力粉	大さじ1		
水	1カップ		

◆ 作り方

1 マッシュルームは石づきを切り落とし、キッチンペーパーで汚れを落とす。薄切りを数枚、飾り用に取りおく。玉ねぎは薄切りにする。

2 鍋にバターを溶かして玉ねぎを炒め、水分が飛んだら薄力粉をふり入れて炒め合わせる。水でのばして顆粒ブイヨンを加え、10〜15分煮る。

3 マッシュルーム、2、牛乳を合わせてミキサーにかけ、鍋に戻し入れて煮立てないように気をつけて温め、塩・こしょうで味を調える。器に入れ、飾り用のマッシュルームをあしらう。

✦ ワンポイントMEMO ✦

マッシュルームの香りをしっかり出すために、マッシュルームは生に近い状態であることがポイント。ただし、色が変わりやすいのですぐにいただきましょう（色が変わってもおいしいです）。

エリンギとれんこんの
肉巻きソテー

えのきだけ

なめたけの炊き込みごはん

秋の野菜

135

エリンギとれんこんの肉巻きソテー

赤ワインと相性のよい赤だし味噌のソースが肉巻きによく合います。

◆ 材料（2人分）

エリンギ ………………………… 1本	はちみつ ………………… 大さじ1/2
れんこん ………………………… 10cm	塩・こしょう・赤ワイン・薄力粉
豚薄切り肩ロース肉 ……………… 200g	…………………………… 各適量
バター ………………………… 大さじ2	パセリ ……………………… 適量
赤ワイン ……………………… 1/4カップ	A[赤ワイン ……………… 大さじ1
赤だし味噌 …………………… 大さじ1	[醤油 ……………………… 大さじ1

◆ 作り方

1 豚肉にAをふりかける。

2 エリンギは縦に細く裂く。

3 れんこんは縦長に1cm角に切り、強めに塩をした沸騰湯に入れて1〜2分ゆでる。ざるに上げて熱いうちに塩・こしょう・赤ワインを少々ふる。

4 **1**の豚肉を6等分に分けて広げ、**2**、**3**を芯にして巻き込み、塩・こしょうをふって薄力粉をまぶす。

5 フライパンを熱してバターを溶かし、**4**を入れて表面に焼き色が付いたら赤ワイン1/4カップを注ぎ入れて強火で煮立てる。蓋をして3〜4分蒸し焼きにし、取り出して食べやすい大きさに切って器に盛る。

6 **5**のフライパンに赤だし味噌とはちみつを入れて混ぜ合わせ、肉巻きにかけ、パセリを飾る。

なめたけの炊き込みごはん

瓶詰を使うので、味つけいらず！ 秋を感じるごはんです。

◆ 材料（2人分）

なめたけ（瓶詰）…………	1/2カップ	酒 ……………………………	大さじ1
油揚げ ………………………	1/2枚	塩 ……………………………	適量
にんじん ……………………	40g	焼き海苔 …………………	適量
米 ……………………………	1カップ		
水 ……………………………	1カップ		

◆ 作り方

1 油揚げはキッチンペーパーで押さえて油を吸い取り、幅を2等分にしてからせん切りにする。にんじんはせん切りにする。

2 米はとぎ洗いしてざるにあけて水気を切り、15分ほどおく。

3 土鍋に**2**、水、酒を合わせ、なめたけ、**1**を散らしてふつうのごはん同様に炊く。

4 **3**を味見し、塩で味を調える。全体をふんわりと混ぜて茶碗に盛り、ちぎった焼き海苔を散らす。

✦ ワンポイントMEMO ✦

このレシピでは土鍋でごはんを炊いていますが、炊飯器でも同様に調理していただいてOKです。

せん切りじゃがいもの
かつお酢和え

じゃがいもの
すりごままぶし

じゃがいもと鮭の味噌バター煮

せん切りじゃがいものかつお酢和え

じゃがいもはスライサーを使うと細いせん切りがラクにできます。

◆ 材料（2人分）

じゃがいも	1個（100〜120g）
三つ葉	1束
削りがつお	10g
A ┌ 酢	大さじ2
├ 砂糖	大さじ1
└ 塩	小さじ1/4

◆ 作り方

1 じゃがいもは皮をむいてせん切りにし、たっぷりの水で洗って水切りする。三つ葉は飾り用を1本残して、3cm長さに切る。

2 **1**を耐熱皿に広げてラップをかけ、電子レンジで2分加熱する。

3 削りがつおと**A**を合わせてしばらくおき、**2**を和える。器に盛り、飾り用の三つ葉をあしらう。

じゃがいものすりごままぶし

皮も一緒に！ 煎りたてのごまをつぶして風味がいっそう引き立ちます。

◆ 材料（2人分）

じゃがいも	200g
黒ごま	大さじ2
醤油	大さじ1/2
出汁	大さじ2
揚げ油	適量

◆ 作り方

1 じゃがいもは皮付きのまま12等分のくし形切りにし、さっと洗って水気を拭き取り、180℃の油で火が通るまで揚げる。

2 黒ごまは煎って半ずりにし、醤油と出汁でのばす。

3 **1**を**2**で和える。

じゃがいもと鮭の味噌バター煮

味噌&バターのコクのあるスープが具にしみて、味わい深い1品。

◆ 材料（2〜3人分）

じゃがいも ・・・・・・・・・・・・・・・・・・ 3個	バター ・・・・・・・・・・・・・・・・・・ 大さじ2〜3
生鮭 ・・・・・・・・・・・・・・・・・・ 2切れ	片栗粉 ・・・・・・・・・・・・・・・・・・ 大さじ1
青梗菜 ・・・・・・・・・・・・・・・・・・ 1株	
出汁 ・・・・・・・・・・・・・・・・・・ 3カップ	
味噌 ・・・・・・・・・・・・・・・・・・ 大さじ4	

（青梗菜：ちんげんさい）

◆ 作り方

1 じゃがいもは皮をむいて2等分に切る。鮭は一口大に切る。青梗菜は葉と茎に分け、茎は8つ割りにする。

2 鍋に出汁とじゃがいもを入れて煮立てる。3〜4分したら味噌とバターを溶き入れて鮭を加えて5〜6分煮る。

3 青梗菜を入れてしんなりと火が通ったら、倍量の水で溶いた片栗粉でとろみをつける。器に盛り、好みでバター（分量外）をのせる。

さつまいもと
にんじんのサラダ

さつまいもと豚肉の重ね蒸し

さつまいもとにんじんのサラダ

レモンの酸味がきいた、色鮮やかなさわやかなサラダです。

◆ 材料 (2人分)

さつまいも ………………… 100g		レモン汁 ……………… 大さじ2
にんじん …………………… 60g	A	はちみつ ……… 大さじ1と1/2
イタリアンパセリ ………… 適宜		オリーブ油 …… 大さじ1と1/2
		塩・こしょう …………… 各少々

◆ 作り方

1 さつまいもはマッチ棒状に切り、にんじんはさつまいもより細めに切る。合わせてたっぷりの水に放って晒す。

2 1をざるにあけて水切りする。耐熱容器に入れ、水を大さじ1〜2ふりかけてラップをふんわりとかけ、電子レンジで6分加熱する。

3 2が熱いうちにAと合わせて冷ます。器に盛り、イタリアンパセリをあしらう。

✦ ワンポイントMEMO ✦

さつまいもよりにんじんを細めに切るのは、にんじんのほうが加熱時間がかかるから。食材ごとに火の通りが違うので、切り方や大きさを調整するとその分、手間がかかりません。

さつまいもと豚肉の重ね蒸し

レンチンで手軽にできる豪華なアジアンテイストの重ね蒸しです。

◆ **材料**（耐熱ボウル直径15.6cm×高さ10.2cm 1台分）

豚肩ロース薄切り肉	250g
さつまいも	200g
パクチー	1株

A
醤油	大さじ1
酒	大さじ1
片栗粉	大さじ1

B
オイスターソース	大さじ1
水	1/3カップ
顆粒中華スープの素	小さじ1/3
生姜汁	小さじ1
片栗粉	小さじ1

◆ **作り方**

1 豚肉は長さを2等分に切り、Aをかけて下味をつける。さつまいもは4〜5mm厚さの輪切りにして固ゆでにする。

2 耐熱ボウルにさつまいもと豚肉を交互に重ね、ラップをふんわりとかけて電子レンジで7〜8分加熱する。

3 小鍋でBを煮立ててとろみをつける。

4 **2**を皿に伏せて返し、**3**をかけてパクチーをあしらう。

里芋と揚げ餅のさっと煮

里芋と鶏つくねの肉じゃが風

里芋

里芋と揚げ餅のさっと煮

揚げることで里芋に味が入りやすくなり、深みのある味に仕上がります。

◆ **材料**（2人分）

里芋 ……………………… 4個	
長ねぎ …………………… 1/2本	
切り餅 …………………… 4個	
鶏もも肉 ………………… 1/2枚	
薄力粉・揚げ油・七味唐辛子	
……………………… 各適量	

A
| 出汁 ……………………… 3カップ |
| みりん …………………… 大さじ2 |
| 薄口醤油 ………………… 大さじ2 |
| 塩 ………………………… 少々 |

◆ **作り方**

1 里芋は皮をむき、大きいものは2等分に切る。長ねぎは3〜4cm長さに切る。

2 餅は拍子木切りにし、薄力粉を薄くまぶしつける。

3 中温の油で**1**の里芋を色よく揚げて取り出し、次に**2**の餅をくっつかないように1つずつ入れてふくれるまで揚げて取り出す。火を止めて余熱で長ねぎを揚げる。

4 鶏肉は一口大に切り、煮立てた**A**に入れて火を通す。

5 **4**に里芋と長ねぎを入れて3〜4分煮てから揚げ餅を入れ、2〜3分煮る。器に盛って七味唐辛子をふる。

里芋と鶏つくねの肉じゃが風

やさしい味のふわふわ肉団子。ねっとりした里芋によく合います。

◆ 材料 (2人分)

里芋	4個	
鶏ひき肉	120g	
玉ねぎ	1/2個	
さやいんげん	4本	
サラダ油	大さじ1	

A		
	溶き卵	大さじ2
	酒	大さじ1/2
	片栗粉	大さじ1
	塩	ひとつまみ

B		
	出汁	1と1/2カップ
	醤油	大さじ2
	みりん	大さじ1
	砂糖	大さじ1/2

◆ 作り方

1 ひき肉とAをかき回すようにして空気を含ませながら混ぜ合わせる。

2 里芋は皮をむき、2等分に切ってたっぷりの水で晒す。玉ねぎは3cm幅のくし形切りにする。さやいんげんは長さを2等分に切る。

3 鍋にサラダ油を熱して里芋と玉ねぎを炒める。玉ねぎがしんなりしたらBを入れて煮立て、中火で2〜3分煮る。

4 3の火を弱めて、1をスプーンで落とし入れて15分ほど煮、さやいんげんを入れて1分ほど煮る。

玉ねぎと塩辛のパイ

玉ねぎの
ワイン漬けピクルス

玉ねぎ

玉ねぎと塩辛のパイ

塩辛が合う！ お酒がほしくなるおつまみメニュー。

◆ 材料（1台分）

玉ねぎ ……………………… 中2個
サラダ油 ……………………… 大さじ2
塩辛 ……………………… 1/4カップ
冷凍パイ生地 ……… 約20cm角1枚
塩・粗びきこしょう ………… 各少々

◆ 作り方

1 玉ねぎは繊維に沿って縦に5〜6mm厚さに切る。

2 フライパンを熱してサラダ油をなじませ、**1**を入れて塩をふる。中火でしんなりとして薄く色付き始めるまで炒めたら、塩辛を入れて炒め合わせる。

3 冷凍パイ生地を天板にのせ、縁を2cm幅残して**2**を均等にのせる。210℃のオーブンで20分焼く。

> ✦ ワンポイントMEMO ✦
>
> 冷凍パイ生地の縁を残して内側の部分に具をのせることで、具がのらない縁の部分は、サクサクの状態に焼き上げることができます。

玉ねぎのワイン漬けピクルス

ほんのりスパイスがきいたやさしい味のピクルスです。

◆ 材料（作りやすい量）

玉ねぎ	2個	ワインビネガー	大さじ4
赤ワイン	2カップ	はちみつ	大さじ4
クローブ（ホール）	小さじ1		
粒こしょう	小さじ1		
花椒（ホール）ホワジャオ	小さじ2		

◆ 作り方

1 赤ワインにクローブ、粒こしょう、花椒を入れて火にかける。沸騰してから1〜2分煮立ててアルコールを飛ばし、ワインビネガーとはちみつを加える。

2 玉ねぎは1cm厚さの輪切りにする。

3 **2**を**1**に入れて1分ほど煮立て、そのまま冷ます。時々動かして漬かりむらがないようにする。

※保存期間は冷蔵で3〜4週間。1日ほどおくと味がなじみます。

✦ ワンポイントMEMO ✦

スパイスは入れなくてもおいしくできます。また、レシピ以外の好みのスパイスを組み合わせてもOKです。

揚げ出し玉ねぎの
海老あんかけ

秋刀魚のおろし玉ねぎ煮

玉ねぎ

揚げ出し玉ねぎの海老あんかけ

まるごと玉ねぎを豪快に揚げて。海老がかわいいあんかけです。

◆ 材料（2人分）

玉ねぎ	2個	A	出汁	1と1/2カップ
海老	50g		酒	小さじ1
三つ葉の茎	3〜4本		みりん	小さじ1
生姜汁	小さじ1/2		薄口醤油	小さじ2
水	大さじ1		塩	ひとつまみ
片栗粉	大さじ1	揚げ油		適量

◆ 作り方

1 玉ねぎは皮をむいてまるごと180℃の油に入れ、油をかけながら色付くまで揚げる（中まで火が通っていなくてかまわない）。

2 海老は殻と背わたを取り、小切りにする。三つ葉の茎はみじん切りにする。

3 Aを煮立てて**2**を入れ、火が通ったら水溶き片栗粉でとろみをつけて生姜汁を加える。

4 **1**をラップで包んで電子レンジで5分加熱し、器に盛って**3**をかける。

✦ ワンポイントMEMO ✦

玉ねぎを揚げるのは、加熱時間を短くするため。揚げずに電子レンジ加熱だけでも、甘みは強くなります。玉ねぎの甘みがたって、おいしくなります。

秋刀魚のおろし玉ねぎ煮

おろし玉ねぎは、秋刀魚のほか、青背魚と相性がいいです。

◆ 材料（2人分）

秋刀魚	2尾		
玉ねぎ	1個		
小松菜	1株		
塩・生姜汁	各少々		

A ┌ 出汁 ……………… 1と1/4カップ
  │ みりん ………………… 大さじ2
  └ 醤油 ………………… 大さじ2と1/2

◆ 作り方

1 秋刀魚は頭とわたを取り、長さを3等分に切って塩をふり、しばらくおく。

2 玉ねぎはすりおろす。

3 Aを煮立てて2を入れ、1を並べ入れて5〜6分中火で煮る。4cm長さに切った小松菜を入れて火を通す。

4 3を器に盛り、生姜汁を数滴落とす。

Column

玉ねぎの保存

玉ねぎは時間に余裕があるときは、買ってきたらまとめて皮をむき、保存袋に入れて冷蔵保存しておくと、次に使うときに時短となり、とても便利です。

れんこん

れんこんの
酢味噌和え

鶏肉のれんこん蒸し

れんこんの酢味噌和え

きりっとした酢味噌の酸味がクセになる1品。れんこんの食感とよく合います。

◆ **材料**（2人分）

れんこん	200g		
三つ葉	1袋		
塩	適量		

A
- 白味噌 ………… 大さじ4
- 酢 ……………… 大さじ1と1/2
- 砂糖 …………… 大さじ1と1/2
- 練りがらし …… 小さじ1/2〜1

◆ **作り方**

1 れんこんはよく洗い皮付きのまま薄いいちょう切りにし、たっぷりの水に晒す。

2 三つ葉は3cm長さに切る。

3 塩を多めに入れた沸騰湯に**1**のれんこんを入れ、再び煮立ったら**2**の三つ葉を入れる。全体にひと混ぜしたらすぐに冷水にとり、ざるに上げて水切りする。

4 **3**をAで和え、器に盛る。

✦ **ワンポイントMEMO** ✦

このレシピは、れんこんが薄ければ薄いほど食感が楽しめます。スライサーなどを使うと簡単に薄く切ることができ、便利です。

鶏肉のれんこん蒸し

皮ごとすりおろしたれんこんのふんわりした食感が魅力です。

◆ 材料（2人分）

鶏胸肉（皮なし）	1枚
しめじ	1/4パック
絹さや	8枚
れんこん	200g
卵白	1個分

塩・片栗粉	各少々
A 出汁	1と1/4カップ
みりん	大さじ1/2
薄口醤油	大さじ1
片栗粉	大さじ1と1/2

◆ 作り方

1 鶏肉は薄くそぎ切りにし、軽く塩をふって片栗粉をまぶす。

2 しめじは石づきを切り落としてバラバラにする。絹さやは筋を取って斜めせん切りにする。

3 れんこんはよく洗い、皮ごとすりおろす。ざるに入れて押して汁を軽く絞って卵白を混ぜる。

4 耐熱の器に鶏肉、しめじ、れんこんの順に2回重ね、ラップをふんわりとかけて、電子レンジで4〜5分加熱する（または、蒸気の立った蒸し器に入れて15分ほど蒸す）。

5 Aと絹さやを鍋に入れて混ぜながら煮立ててとろみをつけ、器に盛った**4**にかける。

れんこん・長芋・
肉団子のトマト煮

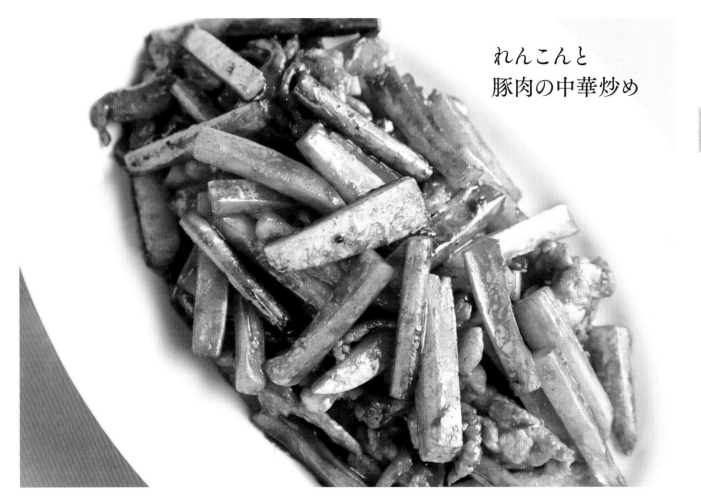

れんこんと
豚肉の中華炒め

`れんこん`

れんこん・長芋・肉団子のトマト煮

シャキシャキのれんこんとホクホクの長芋。和の野菜でイタリアンを召し上がれ。

◆ **材料**（2人分）

れんこん	150g	水	1/2カップ	
長芋	100g	ローズマリー	2〜3本	
にんにく	1片	塩・こしょう	各適量	
オリーブ油	大さじ2と1/2			
トマトの水煮缶(ホール)	2缶(800g)			

A
- 合いびき肉 …… 120g
- 卵 …… 1個
- 生パン粉 …… 大さじ4
- 塩 …… 小さじ1/3

◆ **作り方**

1 れんこんは皮付きのまま乱切りにし、たっぷりの水に放ってアク抜きをする。長芋は皮をむき、1〜2cm厚さの半月切りにする。

2 Aを合わせて塩・こしょう少々をふり、練り合わせて6等分にして丸める。

3 フライパンにみじん切りにしたにんにくとオリーブ油を入れて火にかけ、にんにくが色付いたらトマトの水煮をつぶし入れ、缶汁も加えて強火で5分ほど煮る。

4 3に水を加え、2とローズマリーを入れて中火にし、10分ほど煮る。1を加えてさらに10分ほど煮て、塩・こしょうで味を調える。

✦ ワンポイントMEMO ✦

長芋の代わりにれんこんとごぼうの組み合わせもGOOD。トマトの酸性でれんこんやごぼうの色が変わらないのもうれしいポイント。

れんこんと豚肉の中華炒め

甘辛味の炒め物は、冷めてもおいしいのでお弁当にも。

◆ **材料**（2人分）

豚こま切れ肉	150g			
れんこん	200g	A	酒	小さじ1
にんにくの芽	3本		醤油	小さじ1
サラダ油	大さじ1と1/2		片栗粉	小さじ1
酒	大さじ2	B	酒	大さじ1と1/2
			甜麺醤	大さじ1と1/2
			豆板醤	小さじ1/4

◆ **作り方**

1 豚肉は細切りにし、Aをもみ込んでおく。れんこんは皮つきのまま縦に割り、箸の太さに切る。にんにくの芽は3〜4cm長さに切る。

2 フライパンを熱してサラダ油をなじませ、豚肉をほぐし炒める。火が通ったられんこんを加えて炒め合わせ、酒をふり入れて蓋をしてれんこんに火を通す。

3 にんにくの芽を加えて炒め合わせ、Bを回し入れて汁気がなくなるまで炒める。

✦ ワンポイントMEMO ✦

れんこんは縦に切るとシャキシャキとした食感が強くなります。切り方によって、食感だけでなく味も変わってくるので、いろいろと試してみると楽しいですよ。

165

ダブルれんこんの
お好み焼き風

焼きれんこん
ごはん

れんこん

ダブルれんこんのお好み焼き風

生地に練り込んだふんわりれんこんと香ばしく焼き上がったれんこん、どちらも楽しめます！

◆ **材料**（4枚分）

れんこん ································· 200g	豚バラ薄切り肉 ····················· 4枚
キャベツ ································· 1/6個	小ねぎ ································· 4本
薄力粉 ································· 1/2カップ	サラダ油・ポン酢醤油 ········ 各適量
卵 ································· 1個	
塩 ································· 小さじ1/4	

◆ **作り方**

1 れんこんは皮をむかずに、薄い輪切りを4〜8枚作りおいて、残りはすりおろす。

2 キャベツはみじん切りにし、れんこんのすりおろし、薄力粉、卵、塩を合わせて、しっとりとしてくるまで混ぜる。

3 豚肉は長さを2〜3等分に切る。小ねぎは小口切りにする。

4 フライパンを熱してサラダ油を適量なじませ、れんこんの輪切りをおき、その上に豚肉を並べおき、**2**を覆いかぶせるようにして重ねおき、お好み焼きの要領で焼く。

5 **4**にポン酢醤油をぬって小ねぎを散らす。

Column

れんこんの下処理

れんこん料理も家庭では皮むき、アク抜きは不要です。どちらも色よくする手間。おいしさは変わりませんので、手間を省いていただきましょう。

焼きれんこんごはん

れんこんは皮ごと焼いて香ばしさUP。煮干しを直接入れて出汁いらずです。

◆ 材料 (2人分)

れんこん	200g	水	1カップ
煮干し	20g	酒	大さじ1と1/2
三つ葉	1束	A 醤油	大さじ1
米	1カップ	塩	ひとつまみ
		ごま油	小さじ1

◆ 作り方

1 れんこんはよく洗って水気を拭き、網にのせて直火で焼いて皮目に焼き色を付ける。縦4つ割りにし、6〜7mm厚さに切る。

2 煮干しは頭とはらわたを取る。

3 米をとぎ洗いし、ざるに上げて5〜10分おいて水気を切り、Aと合わせて土鍋に入れ、煮干しを散らし、その上にれんこんを散らして10分ほどおいてから炊く（炊飯器でも同様に炊く）。

4 炊き上がったら、みじん切りにした三つ葉を加えて全体にふんわりと混ぜ返す。

かぼちゃと帆立の
ガーリックソテー

かぼちゃと鶏肉の
豆乳シチュー

かぼちゃと帆立のガーリックソテー

バターとにんにくで炒め、仕上げに生のにんにくを散らして風味に変化を付けます。

◆ **材料**（2人分）

かぼちゃ	正味250g	レモン汁	大さじ1
酒	大さじ1	塩・こしょう・パセリのみじん切り	
帆立貝柱	4個		各少々
にんにく	2片		
バター	大さじ2		

◆ **作り方**

1 かぼちゃは1cm厚さに切り、耐熱皿に並べて酒をふり、ラップをかけて電子レンジで4分加熱する。

2 帆立は厚さを2等分にする。にんにくはみじん切りにする。

3 半量のにんにくとバターをフライパンに入れて火にかけ、にんにくの香りが立ってきたらかぼちゃと帆立を入れて炒め合わせる。火を止めてレモン汁をかけ、塩・こしょうで味を調える。

4 **3**を器に盛って残りのにんにくとパセリのみじん切りを散らす。

かぼちゃと鶏肉の豆乳シチュー

豆乳のまろやかなコクがかぼちゃの甘みと好相性。ホッとするシチューです。

◆ **材料**（2〜3人分）

鶏肉ぶつ切り ……………… 200〜250g	水 …………………… 1と1/2カップ
かぼちゃ …………………… 正味300g	豆乳 ………………… 1と1/2カップ
玉ねぎ ……………………… 1/2個	┌ 水 …………… 大さじ1と1/2
にんじん …………………… 1/4本	└ 片栗粉 ………… 大さじ1と1/2
サラダ油 …………………… 大さじ1	塩・こしょう・イタリアンパセリ
	…………………………… 各少々

◆ **作り方**

1 かぼちゃは3cm角に切る。玉ねぎは2〜3cm角に切る。にんじんは皮をむいて7〜8mm厚さの半月切りにする。

2 鍋にサラダ油を熱して**1**と鶏肉を入れて軽く炒め合わせる。水を注ぎ入れて蓋をして10〜15分煮る。

3 豆乳に水溶き片栗粉を混ぜて**2**に流し入れる。混ぜながら煮立ててとろみをつけ、塩・こしょうで味を調える。仕上げに、イタリアンパセリをあしらう。

秋の野菜

かぼちゃと松の実の
マッシュサラダ

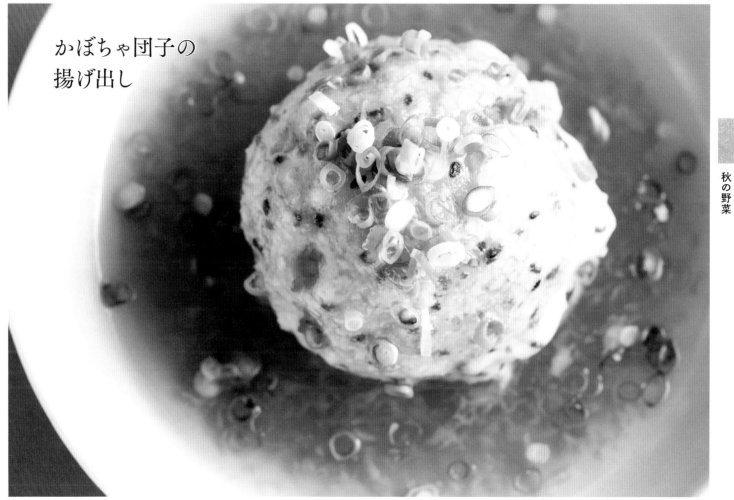

かぼちゃ団子の
揚げ出し

かぼちゃと松の実のマッシュサラダ

カレー風味がほのかにきいたかぼちゃのサラダ。レーズンなどを加えてもおいしいです。

◆ 材料（2人分）

かぼちゃ	200g
松の実	20g
かぼちゃの種（市販）	10g
塩・こしょう	各適量
A マヨネーズ	大さじ2
無糖ヨーグルト	大さじ2
カレー粉	大さじ1/2

◆ 作り方

1 かぼちゃはわたを取り、2cm角ぐらいの大きさに切って塩ゆでにする。ざるに上げて軽く塩・こしょうをし、そのまま冷ます。

2 松の実は少し色付くまでフライパンでから煎りする。

3 **1**のかぼちゃを**A**の調味料で和え、塩・こしょうで味を調えて**2**とかぼちゃの種を飾り用に少し残して混ぜる。残りは仕上げに散らす。

かぼちゃ団子の揚げ出し

ごまをたっぷりまとわせたホクホクの揚げ出し団子。とろりとしたあんといただきます。

◆ 材料（2人分）

かぼちゃ	200g
おろし生姜	大さじ1/2
小ねぎ	1本
塩・揚げ油	各適量
A 薄力粉	大さじ2
水	大さじ2
黒煎りごま	大さじ1/2
白煎りごま	大さじ1/2
B 出汁	1/2カップ
みりん	大さじ1/2
薄口醤油	大さじ1
片栗粉	小さじ1

◆ 作り方

1 かぼちゃはわたと皮を取って2〜3cm角に切る。耐熱皿に並べ入れてラップをかけ、電子レンジで4分加熱し、塩少々をふって粗くつぶす。2等分にして団子状に成形する。

2 **B**を鍋に入れて火にかけ、混ぜながら煮立ててとろみをつける。火を止めておろし生姜を加える。

3 **1**に**A**の衣を付け、180℃の油でカラリと揚げる。

4 **3**を器に盛って**2**をかけ、小ねぎの小口切りを天盛りにする。

4章

冬の野菜

白菜

白菜とみかんの
サラダ

生白菜の
キムチ和え

白菜とベーコンの
コーンクリーム煮

白菜とみかんのサラダ

みかんの甘さがみずみずしい白菜によく合います。

◆ 材料（2人分）

白菜 ……………………………………… 1枚
みかん …………………………………… 2個
パセリのみじん切り ……………… 大さじ1
A ┌ オレンジジュース ……………… 大さじ1
 │ 無糖ヨーグルト ………………… 大さじ2
 │ はちみつ ………………………… 小さじ1
 │ 粒マスタード …………………… 大さじ1
 └ 塩・こしょう …………………… 各少々

◆ 作り方

1 白菜は繊維を断ち切るように細切りにする。みかんは薄皮まできれいに取り、7〜8㎜厚さのいちょう切りにする。

2 1とパセリのみじん切りを合わせ、Aで味付けする。

生白菜のキムチ和え

キムチに白菜を追加すると、サラダ感覚でもりもりといただけます。

◆ 材料（2人分）

白菜 ……………………………………… 2枚
青じそ …………………………………… 10枚
白菜キムチ …………………………… 100g
白煎りごま ……………………………… 少々
A ┌ 酢 ………………………… 大さじ1と1/2
 │ はちみつ ……………………… 大さじ2/3
 └ サラダ油 ………………………… 大さじ1

◆ 作り方

1 白菜は食べやすい大きさに手でちぎる。青じそも手でちぎる。

2 白菜キムチは細かめのざく切りにしてAで味付けし、1を合わせて器に盛り、煎りごまをふる。

白菜とベーコンのコーンクリーム煮

ベーコンのうまみが白菜にしみ込んだ、寒い日にうれしい1品です。

◆ **材料**（2人分）

白菜 ……………………… 2枚	
ベーコン（塊）……………… 100g	
生しいたけ ………………… 2枚	
サラダ油 ………………… 大さじ1	
パセリのみじん切り ………… 少々	

A
- クリームコーン（粒入り）…… 1カップ
- 水 ……………………… 1/2カップ
- 顆粒ブイヨン ………………… 1g
- カレー粉 ………………… 大さじ1
- 薄口醤油 ………………… 小さじ1

◆ **作り方**

1 白菜は縦2等分に切って3〜4cm幅に切る。ベーコンは1cm幅の細切りにする。生しいたけは石づきを取って薄切りにする。

2 1をボウルに入れてサラダ油を回しかけてラップをかけ、電子レンジで3分加熱する。

3 2にAを注ぎ入れ、ラップをかけてさらに電子レンジで2分加熱する。器に盛ってパセリのみじん切りを散らす。

白菜ロールのチーズグリル

白菜と鶏手羽先の
フライパン焼きポトフ

白菜ロールのチーズグリル

牡蠣のエキスが白菜にしみ込んで、口の中でふわっと海の香りが広がります。

◆ **材料**（2人分）

白菜 ……………………… 4枚		A ┌ 味噌 ……………… 大さじ1と1/2	
牡蠣 ……………………… 8個		└ 酒 …………………………… 大さじ1	
ミックスチーズ ……………… 80g			
塩・こしょう ……………… 各少々			

◆ **作り方**

1 白菜は塩ゆでにしてざるに上げて冷ます。

2 牡蠣は海水程度（3％濃度）の塩水で手早く洗い、ざるに上げて水気を切る。

3 白菜を広げて混ぜ合わせたAをぬり、牡蠣を2個ずつ巻き込む。

4 3をグラタン皿に並べ入れて塩・こしょうをしてミックスチーズを散らし、180℃のオーブンで15〜20分焼く。

白菜と鶏手羽先のフライパン焼きポトフ

フライパン1つで完成！　鶏のうまみが野菜をまるごと包み込んでくれます。

◆ **材料**（2人分）

鶏手羽先肉	4本	水	1カップ
白菜	2枚	顆粒ブイヨン	2g
長ねぎ	1本	白ワイン	1/2カップ
ブロッコリー	2房	塩・こしょう・粒マスタード	各少々

◆ **作り方**

1 フライパンに鶏手羽先を並べて中火にかけ、じっくり焼き色を付ける。

2 白菜はざく切りにする。長ねぎは3〜4cm長さに切る。

3 **1**のフライパンのあいているところに**2**を入れ、鶏肉から出てくる脂で炒める。

4 **3**に水、顆粒ブイヨン、白ワインを入れ、煮立ったら蓋をして火を弱める。20分ほど蒸し煮にし、途中でブロッコリーを入れ、蒸し上がったら塩・こしょうで味を調える。

5 **4**を器に盛り、粒マスタードを添える。

長ねぎ

晒しねぎと
釜揚げしらすの土佐酢

長ねぎとレーズンの
白ワイン煮

長ねぎ

晒しねぎと釜揚げしらすの土佐酢

水に晒して辛みを抜いたねぎは生でもたっぷり食べられます。ねぎ好きにはたまりません！

◆ **材料**（2人分）

長ねぎ ……………………… 1本	酢 …………………………… 大さじ2
釜揚げしらす ……………… 60g	醤油 ………………………… 大さじ2
煎り黒ごま ………………… 小さじ1	A ⎡ 出汁 ………………………… 大さじ2
七味唐辛子 ………………… 適量	⎣ 削りがつお ……………… ひとつまみ

◆ **作り方**

1 長ねぎは小口から薄く切ってたっぷりの水に放ち、軽くもんでぬめりを取った後、水気をきつく絞る。

2 Aを小鍋に入れて火にかけ、沸騰したら火を止めてそのまま冷まし、漉す。

3 1を器に盛って釜揚げしらすを盛り、煎りごまと七味唐辛子をふって2を回しかける。

> ✦ **ワンポイントMEMO** ✦
>
> このメニューは、そのまま食べてもおいしいですが、ごはんはもちろん、めんにのせて食べても◎。

長ねぎとレーズンの白ワイン煮

意外にもドライフルーツの甘さが長ねぎと合う！　ワインが欲しくなる1品です。

◆ 材料（2人分）

長ねぎ	2本
にんじん	1/2本
生姜	20g
レーズン	1/2カップ
ドライアプリコット（大きいものは半分に切る）	4枚

A
白ワイン	1/2カップ
オリーブ油	1/4カップ
レモン汁	大さじ2
塩	小さじ1/2
黒粒こしょう	小さじ1

◆ 作り方

1 長ねぎは5〜6cm長さに切りそろえる。にんじんは皮をむいて5〜6cm長さの拍子木切りにする。生姜は皮を付けたまま薄切りにする。

2 フライパンに1、レーズン、ドライアプリコットを入れてAをかけ、強火で煮立てた後、蓋をして弱火にして20分ほど煮る。そのまま冷ます。

✦ ワンポイントMEMO ✦

煮汁はお湯や炭酸水などで割れば、ドリンクとして楽しめます。

長ねぎとワカサギの南蛮漬け

ねぎ塩だれの鉄火丼

長ねぎ

長ねぎとワカサギの南蛮漬け

焼いて漬ける南蛮漬けなので、思い立ったらすぐにできます！

◆ **材料**（2～3人分）

ワカサギ	200g		酢	1/2カップ
長ねぎ	2本		醤油	1/2カップ
しし唐辛子	4～6本	A	砂糖	1/4カップ
塩	各少々		塩	小さじ1/4
			出汁	1カップ
			赤唐辛子	1～2本

◆ **作り方**

1 長ねぎは3cm長さに切る。ワカサギは軽く塩をふってしばらくおき、出てきた水気をキッチンペーパーで吸い取る。

2 Aを煮立て、バットに流し入れておく。

3 魚焼きグリルを弱火で熱し、ワカサギは10分ほど時間をかけてじっくりと乾かすようにして焼き、長ねぎとしし唐辛子も同様にして5分ほど焼く。それぞれ**2**に漬け込んで30分ほど寝かせて味をしみ込ませる。

Column

長ねぎの保存

長ねぎを保存するときは、冷蔵庫の野菜室の高さに合わせて切り、保存袋に入れて立てて保存しましょう。

ねぎ塩だれの鉄火丼

ねぎとごま油で韓国風に。香りが食欲をそそります。

◆ **材料**（2人分）

まぐろ ………………………… 120g	
青じそ ………………………… 4枚	
焼き海苔 ……………………… 1/2枚	
ごはん ………………………… 丼2杯分	

A
- 長ねぎのみじん切り ……… 1本分
- 塩 …………………………… 小さじ1〜2
- ごま油 ……………………… 大さじ2
- 出汁 ………………………… 1/2カップ

◆ **作り方**

1 まぐろはそぎ切りにしてAに漬けて30分〜1時間おく。

2 青じそと焼き海苔は6〜7mm角に切る。

3 丼にごはんをよそい、焼き海苔を散らして**1**をのせ、漬け汁をかけ、青じそを散らす。

※好みでわさびや、コチュジャンなど、味の変化を楽しんで。

冬の野菜

193

かぶのコンフィ

かぶのバタースープ

かぶのコンフィ

コンフィは低温の油でじっくり火を通す料理のこと。じっくり火が通ったかぶは、口の中でハーブの香りが広がります。

◆ 材料 （2人分）

かぶ	2個	フレンチマスタード	適宜
鶏もも肉	1枚		
タイム	3〜4本		
サラダ油	1と1/2〜2カップ		
塩・こしょう	各適量		

◆ 作り方

1 かぶは皮ごと縦2等分に切り、さらに2等分に深く切り込みを入れる。

2 鶏もも肉は4等分に切って塩・こしょうをし、しばらくおいて出てきた水気をキッチンペーパーで吸い取る。

3 1、2が隙間なく入る大きさの鍋にタイムを敷いて1、2を入れ、サラダ油を注ぎ入れて蓋をし、油でゆでる感覚で弱火で15分ほど煮る。

4 器に盛って塩・こしょうをし、好みでフレンチマスタードを添える。

✦ ワンポイントMEMO ✦

残った油は漉して冷蔵庫で保存しておくと、コンフィ用の油として何度か使えます。またはハーブオイルとしてソテーに使えます。

かぶのバタースープ

バターのコクでかぶのおいしさがアップ！　葉も一緒にいただきましょう。

◆ **材料**（2人分）

かぶ	4個
水	2カップ
顆粒ブイヨン	4g
バター	大さじ2
塩・こしょう	各少々

◆ **作り方**

1 かぶは葉を切り落とし、皮をむいて6〜8等分のくし形切りにする。葉は2cm長さに切る。

2 鍋にバターを溶かして葉を炒め、色が鮮やかになったら取り出す。次にかぶを入れて炒め、水と顆粒ブイヨンを加え、やわらかくなるまで中火から弱火で煮る。

3 かぶを粗くつぶし、葉を戻し入れて塩・こしょうで味を調える。

冬の野菜

たらのかぶら蒸し

かぶの葉と桜海老のかき揚げ

たらのかぶら蒸し

体が温まる、やさしい味のふわふわかぶら蒸しです。

◆ **材料**（2人分）

たら（切り身 / 白身魚であればOK） 2切れ	さつまいも .... 1cm厚さの輪切り1〜2枚	おろし生姜、塩 .... 各少々
かぶ 3個	銀杏 6個	A { 出汁 .... 1/3カップ みりん .... 大さじ1/2 薄口醤油 .... 大さじ1/2 片栗粉 小さじ1
卵白 1個分	なめこ 1/2パック	
	三つ葉 2本	

◆ **作り方**

1 たらは皮を取って2〜3切れのそぎ切りにする。軽く塩をふってしばらくおき、出てきた水気をキッチンペーパーで吸い取る。

2 かぶは皮ごとすりおろし、ボウルに入れて熱湯をかける。ざるにあけて水気を切り、汁が滴り落ちなくなったらボウルに移し、卵白を混ぜる。

3 さつまいもは1cm角のあられ切りにする。銀杏は殻を取ってゆで、薄皮をむいて2等分に切る。

4 **2**、**3**、なめこを混ぜ合わせ、器に入れた**1**にのせ、蒸気の上がった蒸し器に入れて15分ほど蒸す。

5 三つ葉は熱湯にさっとくぐらせて火を通し、結び三つ葉にする。

6 Aを混ぜながら沸騰させてとろみをつけ、**4**にかけ、おろし生姜と**5**をのせる。

かぶの葉と桜海老のかき揚げ

かぶの葉が残ったら、シンプルなかき揚げでおいしく食べ切りましょう！

◆ **材料**（2人分）

かぶの葉 ································ 2個分	揚げ油 ································ 適量
桜海老 ································ 20g	粗塩 ································ 適宜
薄力粉 ································ 大さじ1〜2	

A ┌ 薄力粉 ································ 大さじ4
  └ 水 ································ 大さじ4

◆ **作り方**

1 かぶの葉は1〜2cm長さに切る。桜海老はざるに入れて熱湯をかけ、そのまま1〜2分蒸らしてふやかす。

2 **1**を合わせ、薄力粉をまぶす。

3 **2**にAをかけて混ぜ合わせ、スプーンですくって170℃の油で色よく揚げる。器に盛り、粗塩をふる。

大根

大根鉄火巻き

ふろふき大根のねぎ風味

202

大根餅

大根鉄火巻き

ライスペーパーが海苔を溶かさず材料をきれいにまとめてくれます。

◆ **材料**（2本分）

まぐろ赤身 ………… 100g	ライスペーパー ……… 2枚
大根 …… 200g（1/4〜1/3本）	塩 …………………… 少々
焼き海苔 ………… 2枚	わさび・醤油 …… 各適宜

◆ **作り方**

1 まぐろは拍子木切りにし、軽く塩をふってキッチンペーパーで包み、巻く直前まで冷蔵庫で冷やしておく。

2 大根は皮をむいて細くせん切りにし、ギュッと握り込んで水気を絞る。

3 ライスペーパーをぬらしてまな板に広げおき、しんなりしたらその上に焼き海苔をおく。**2**の大根を手前1/2の面積に広げてその上に**1**を並べおき、巻き寿司の要領できつめに巻く。

4 6等分に切り分けて器に盛り、わさびと醤油を添える。

ふろふき大根のねぎ風味

たっぷりの薬味をのせ、熱々のごま油をかけて。香りも楽しめるアレンジふろふき大根です。

◆ **材料**（2人分）

大根 …………… 1/4本	ごま油 ……… 大さじ2
長ねぎ ………… 1/4本	醤油・削りがつお
小ねぎ ………… 2本	…………… 各少々
赤唐辛子 …………… 1本	

◆ **作り方**

1 大根は長さを2等分に切って皮を厚めにむき、たっぷりの水と共に鍋に入れて火にかける。煮立って5分ほどしたら水を換え、これを3〜4回繰り返して20〜30分かけてゆでる。

2 長ねぎ、小ねぎは小口から薄切りにし、水に晒して軽くもんでぬめりを取り、きつく絞る。赤唐辛子は輪切りにする。

3 水切りをして4つ割りにした大根を器に盛って**2**をのせ、熱々のごま油をかける。醤油をかけ、削りがつおを天盛りにする。

大根餅

もちもちした食感がクセになるおいしさです。

◆ **材料**（6〜8個分）

大根	250g	A	薄口醤油	小さじ2	C	上新粉

大根 ………………………… 250g
ハム ………………………… 60g
干し海老 …………………… 20g
小ねぎ …………………… 4〜5本
塩・ごま油 ……………… 各適量

A
薄口醤油 ………………… 小さじ2
塩 ……………………… 小さじ1/4
砂糖 …………………… 小さじ1/4

B
白玉粉 ……………………… 80g
水 …………………………… 大さじ5

C
上新粉 …………………… 120g
熱湯 ………………… 1/2カップ

パセリ ………………………… 適宜

◆ **作り方**

1 大根はマッチ棒状に切って強めに塩をふり、しんなりしたら軽く洗って水気をきつく絞る。ハムは細切り、干し海老は粗いみじん切り、小ねぎは小口切りにする。

2 フライパンにごま油大さじ1を熱して干し海老を炒め、香りが出てきたら大根、ハム、小ねぎを加えて炒め合わせ、Aで味付けする。

3 B、Cはそれぞれ滑らかになるまでよく練り、その後2つを合わせて練り混ぜる。

4 3に2を加えてさらによく練り合わせ、6〜8等分に分けて円盤状に丸め、ごま油少々を熱したフライパンに並べ入れ、弱火で蓋をしてこんがりと両面焼き上げる。器に盛り、パセリをあしらう。

変わりぶり大根

大根皮パスタのペペロンチーノ

変わりぶり大根

大根をあんかけにして、いつものぶり大根を簡単にアレンジしました。

◆ 材料（2人分）

ぶり（切り身）……………………… 2切れ	A	醤油 ……………………… 大さじ3
大根 ………………………………… 250g		酒 ………………………… 大さじ1
小松菜 ……………………………… 2株		片栗粉 ………………… 大さじ1/2
塩 …………………………………… 少々		

◆ 作り方

1 ぶりは皮を取って2等分に切り、身は4等分に切って塩をふり、しばらくおいてキッチンペーパーで押さえて水気を吸い取る。ぶり皮はとっておく。大根は皮をむいてすりおろす。

2 小松菜は塩ゆでにして水気を絞り、3〜4cm長さに切る。

3 フライパンを熱してぶりの皮を並べ入れ、フライ返しで押さえながら中火でカリカリになるまで焼く。出てきた油でぶりの身を両面に焼き色が付くまで焼く。

4 **3**からぶりの身と皮を取り出しておろし大根を汁ごと入れ、沸騰してから1分ほど煮る。Aを加えて混ぜながら煮立ててとろみをつける。

5 器に**4**を流し入れ、**3**の身と皮を盛り合わせ、**2**を付け合わせる。

大根皮パスタのペペロンチーノ

大根の皮がこんなにおいしく食べられるなんて！ 感動の味です！

◆**材料**（2人分）

大根の皮	2本分	塩	適量
アンチョビ	4本		
にんにく	1片		
赤唐辛子	1本		
オリーブ油	大さじ2		

◆**作り方**

1 大根の皮はピーラーで細く長くスライスする。

2 アンチョビは小切り、にんにくは薄い輪切りにする。

3 1ℓの熱湯に塩20gを入れて**1**を入れ、再び煮立ってきたらざるにあける。

4 フライパンにオリーブ油とにんにく、赤唐辛子を入れて弱火にかけ、にんにくが色付いてきたらアンチョビを加える。軽く炒め合わせて**3**の大根を入れ、強火で手早く炒め合わせ、塩で味を調える。

冬の野菜

Column

大根の皮

煮物やふろふき大根は皮をむいたほうがやわらかく食べやすいですが、炒め物など食感をいかしたい場合は大根の皮はむかない選択もありです。皮が余ったときは、このペペロンチーノのように炒めたり、大根おろしに使うなど、最後まで使い切ることができます。

切り干し大根と
ごぼうのスープ

大根と干し海老の
ホットケーキ蒸しパン

切り干し大根とごぼうのスープ

ごぼうのシャリッとした食感と切り干し大根のうまみがギュッと詰まったスープ。

◆ 材料（4人分）

切り干し大根 ································· 40g	切り干し大根の戻し汁＋出汁
ごぼう ····································· 1/2本	································· 3カップ
長ねぎ ·· 1本	牛乳 ····························· 1と1/2カップ
サラダ油 ······························· 大さじ2	塩・こしょう ······················· 各少々
	パセリのみじん切り ··············· 適宜

◆ 作り方

1 切り干し大根は水でぬらしてもんだ後、かぶる程度の水に浸して10〜15分ふやかす。ごぼうは薄い輪切りにして水洗いする。長ねぎは小口から1〜2cm幅に切る。

2 鍋にサラダ油を熱して水切りした**1**を炒め合わせ、透き通ってきたら切り干し大根の戻し汁と出汁を加え、10分ほど煮る。

3 **2**と牛乳を合わせてミキサーにかけ、鍋に戻し入れて温め、塩・こしょうで味を調える。器に盛って、パセリのみじん切りをあしらう。

✦ ワンポイントMEMO ✦

切り干し大根の甘みがしっかり出たエキスがたっぷりの戻し汁を使うことが、おいしさの秘訣です。足りない分は出汁を足しましょう。

大根と干し海老のホットケーキ蒸しパン

ホットケーキミックスの中華風蒸しパン。しんなりした大根が、よくなじみます。

◆ **材料**（150mlサイズのプリンカップ4個分）

大根 ……………………… 100g		酒 ……………………… 大さじ3
干し海老 ………………… 10g		みりん ………………… 大さじ1
にら ……………………… 1株	A	酢 ……………………… 大さじ1
ごま油 ………………… 小さじ1		薄口醤油 …………… 大さじ1/2
ホットケーキミックス ……… 100g		サラダ油 ……………… 小さじ1
塩・サラダ油・薄力粉 …… 各適量		

◆ **作り方**

1 大根は皮をむいて細いせん切りにし、塩を多めにふってしばらくおき、しんなりしたら水気をきつく絞る。干し海老はぬるま湯に浸けて戻し、みじん切りにする。にらは1cm長さに切る。すべてを合わせてごま油と塩少々で味付けする。

2 ホットケーキミックスにAを加え混ぜ、**1**を加えて均等になるまで混ぜる。

3 プリンカップにサラダ油をぬり、薄力粉をふって余分な粉を落とす。**2**を4等分に分け入れる。

4 **3**を蒸気の上がった蒸し器に入れ、10〜12分蒸す。

ごぼう

たたきごぼうの
ピクルス

ごぼうときのこの肉包みソテー

ごぼう

たたきごぼうのピクルス

ほどよい酸っぱさのさわやかなごぼうピクルス。箸休めにぴったりです。

◆ **材料**（2人分）

ごぼう ……………… 1本（60cm）
パプリカ（黄） …………… 1/2個

A
りんご酢 ………………… 1カップ
ローズマリー ………………… 2本
はちみつ ……………… 大さじ2
塩 ……………………… 小さじ1

◆ **作り方**

1 ごぼうは布巾をかぶせた上から麺棒かすりこ木でたたいて粗く割り、ざるに入れて流水に当てて水切りをする。

2 パプリカはヘタと種を取って1cm幅の縦切りにする。

3 **1**のごぼうを沸騰湯に入れて2〜3分ゆでる。**2**のパプリカを加えて再び煮立ったら、ざるにあけて粗熱を取る。

4 Aを鍋に入れて火にかけてひと煮立ちしたら火を止める。

5 **3**と**4**を合わせて保存容器に入れる。

※1時間ほどおけば食べられます。保存期間の目安は冷蔵で6カ月。

Column

ごぼうの皮

泥付きのごぼうは、たわしなどでこすり洗いすれば、皮はむかなくてOK。ごぼうの表皮の下は香りやうまみの宝庫なので、皮をむくのはもったいないです。ただし、ごぼうは変色しやすいので、調理する直前に洗うようにしましょう。

ごぼう

ごぼうときのこの肉包みソテー

口の中でごぼうと舞茸が香り立つ、滋味深い1品です。

◆ **材料**（2人分）

ごぼう	20㎝
舞茸	100g
バター	大さじ2
豚もも薄切り肉	200g
サラダ油	大さじ1
ほうれん草	1/2束

塩・こしょう・薄力粉・サラダ油
.... 各適量

A ┌ トマトケチャップ 大さじ2
　└ しょうゆ 大さじ1

◆ **作り方**

1 ごぼうはささがきにする。舞茸は粗いみじん切りにする。

2 フライパンを熱し、バター大さじ1を入れて溶けてきたら**1**を強火で炒め合わせ、塩・こしょうをする。

3 豚肉を広げて塩・こしょうをふり、**2**を包み込んで握り込むようにして豚肉をくっつけ、全体に薄力粉をまぶす。

4 ほうれん草は3～4㎝長さに切って残りのバターでソテーし、しんなりしたら塩・こしょうで味付けする。

5 **4**のフライパンにサラダ油を足して熱し、**3**を入れて、両面香ばしく焼く。

6 **5**を器に盛って混ぜ合わせたＡをかけ、**4**を付け合わせる。

冬の野菜

豚ごぼう鍋

ごぼうのつみれ汁

豚ごぼう鍋

ごぼうたっぷりの体が温まる簡単鍋料理です。

◆ **材料**（2人分）

豚バラ肉しゃぶしゃぶ用 ……… 200g	練りごま ………………… 大さじ2
ごぼう ……………………… 1本	塩・こしょう ………………… 各少々
にら ……………………… 1/2束	A 醤油 ………………… 大さじ1
中華スープ ……………… 4カップ	ラー油 ………………… 大さじ1/2
（または水4カップ＋顆粒中華スープの素小さじ4）	

◆ **作り方**

1 豚肉は長さを2等分に切る。ごぼうはピーラーで細長くささがき状にし、ざるに入れて流水に当てて水切りをする。にらは5〜6cm長さに切る。

2 練りごまをAと分量の中華スープから大さじ2を取ってのばす。

3 中華スープを煮立てて塩・こしょうで味を調え、**1**を加えながら煮えたものから**2**を適量かけていただく。

✦ **ワンポイントMEMO** ✦

残った汁に中華麺を入れてゆで、長ねぎの小口切りを散らし、ごまだれで食べるのもおいしいです。

ごぼうのつみれ汁

クセがなく味わい深いつみれは、ごぼうが一役買ってくれています。

◆ **材料**（2〜4人分）

ごぼう ……………………… 1/2本	
いわし …… 4尾（正味200〜250g）	
長ねぎ …………………………… 1本	
七味唐辛子 ……………………… 適宜	

A
┌ 生姜（みじん切り）… 大さじ1/2	
│ 酒 ……………………… 大さじ1/2	
│ 醤油 …………………… 大さじ1/2	
└ 片栗粉 ………………… 大さじ2	

B
┌ 出汁 ……………………… 3カップ	
│ 酒 …………………… 大さじ1と1/2	
│ みりん ………………… 大さじ1	
└ 薄口醤油 ……………… 大さじ2	

◆ **作り方**

1 ごぼうは短めのささがきにする。固ゆでにしてざるにあけて水気を切り、そのまま冷ます。

2 いわしは手開きにして皮と骨を取り、小切りにした後、細かくたたき、Aを加えて粘りが出るまでさらにたたく。

3 1、2を合わせてなじむまでしっかり混ぜ、ピンポン玉くらいの大きさに丸める。

4 Bを煮立ててぶつ切りにした長ねぎを加える。再び煮立ったら火を弱めて3を加え、煮立たせないように気をつけながら火を通す。

5 4を器に盛って、好みで七味唐辛子をふる。

> **✦ ワンポイントMEMO ✦**
>
> ［作り方**2**］はフードプロセッサーを使うと便利ですが、機械の熱で鮮度が落ちないよう手早く済ませましょう。

ブロッコリーと海老の炒め物

ブロッコリーとウインナーの塩昆布煮

ブロッコリーと海老の炒め物

塩麹がまろやかな塩味を演出。海老をふんわり仕上げてくれます。

◆ **材料**（2人分）

ブロッコリー	1株	塩麹	大さじ2
海老	180g		
生姜	10g		
酒	大さじ2		
サラダ油	大さじ1と1/2		

◆ **作り方**

1 海老は殻をむいて背に切り込みを入れて背わたを取り除く。ブロッコリーは小房に分け、大きいものは茎に切り込みを入れて縦に割り、固めに塩ゆでする。生姜はせん切りにする。

2 フライパンを熱してサラダ油をなじませ、海老と生姜を入れて海老に八分通り火が通ったら、酒をふって蓋をして1分ほど蒸す。蓋を外してブロッコリーを加えて炒め合わせ、塩麹で味付けする。

ブロッコリーとウインナーの塩昆布煮

ちょっぴり洋風な味付けです。

◆ **材料**（2人分）

ブロッコリー ……………………… 1株	バター ……………………… 大さじ1
赤ピーマン ……………………… 1個	白ワイン ……………………… 大さじ2
塩吹き昆布（細切りタイプ） ……………………… 大さじ1〜2	水 ……………………… 1/2カップ
粗びきウインナー ……………………… 4本	塩 ……………………… 少々

◆ **作り方**

1 ブロッコリーは小房に分け、茎は皮をむき取って小さめの乱切りにする。赤ピーマンはヘタと種を取り、ブロッコリーの茎同様に切る。

2 塩昆布はざるに入れて流水に当てて表面の塩を落とす。ウインナーは押しつぶして粗くほぐす。

3 フライパンを熱してバターを溶かし、**2**を炒める。昆布の香りが立ったら**1**を加えて炒め合わせ、白ワインと水を加えて蓋をし、4〜5分煮る。味見をして、塩で調整する。

冬の野菜

ブロッコリーキーマカレー

ブロッコリーと
ゆで卵のケークサレ

ブロッコリーキーマカレー

ブロッコリーをまるごと使ったキーマカレーです。

◆ 材料 (2人分)

ブロッコリー ………………… 1株	赤唐辛子 ……………………… 1本	無糖ヨーグルト ………… 1/2カップ
豚ひき肉 …………………… 200g	カレー粉 …………………… 大さじ2	塩 ……………………………… 小さじ1
玉ねぎ ……………………… 1/2個	ブイヨン ………………… 1/2カップ	ごはん ……………………………… 適量
にんにく ……………………… 1片	(または水1/2カップ+顆粒ブイヨ	
サラダ油 …………………… 大さじ2	ン1g)	

◆ 作り方

1 ブロッコリーは小房に分け、茎は繊維の固いところまで皮をむいて小切りにし、粗みじん切りにする。玉ねぎとにんにくもみじん切りにする。

2 鍋にサラダ油を熱して赤唐辛子を黒くなるまで炒めて取り出す。玉ねぎとにんにくを入れて薄く色付くまで炒め、ひき肉とブロッコリーの茎を入れ、ひき肉がパラパラになるまで炒める。

3 2にブロッコリーの房の部分とカレー粉の半量を入れて炒め、ブイヨン、ヨーグルトを加えて5〜10分煮る。残りのカレー粉を加え、塩で味を調える。器にごはんをよそい、カレーをかける。

✦ **ワンポイントMEMO** ✦

野菜のみじん切りはキーマカレーのほかスープなどにも使えるので、フードプロセッサーがあると便利です。

ブロッコリーとゆで卵のケークサレ

見た目も色鮮やかな塩味の総菜ケーキ。作りおきがあると忙しい朝も便利です。

◆ **材料**（8.5cm×18cm、高さ6cmのパウンド型1台分）

ブロッコリー ……………………… 1株		卵 …………………………… 1個	
ゆで卵 ……………………………… 2個		生クリーム ………… 1/2カップ	
薄力粉 …………………………… 180g	A	牛乳 ……………… 1/2カップ	
ベーキングパウダー ……… 小さじ1		塩 ……………………… 小さじ1/2	
サラダ油・薄力粉 ………… 各適量		サラダ油 ……… 大さじ2と1/2	

◆ **作り方**

1 ブロッコリーは小さめの小房に切り分けて塩ゆでにし、水気をしっかり切る。ゆで卵は6〜8つ割りにして長さを2等分に切る。

2 薄力粉180gとベーキングパウダーを合わせてふるいにかけてボウルに入れ、Aを加えて滑らかな生地になるようよく混ぜて**1**を混ぜ込む。

3 型の内側にサラダ油をぬって薄力粉をふり、**2**を流し入れて180℃のオーブンで50〜60分焼く。

ほうれん草と
ハムのキッシュ

ほうれん草のオムライス風

ほうれん草とハムのキッシュ

定番のほうれん草のキッシュを市販の冷凍パイ生地を使って手軽に作ります。

◆ **材料**（直径20cm×高さ2cmのタルト型1台分）

ほうれん草 …………………… 1束	ミックスチーズ ………………… 150g	生クリーム ………………… 3/4カップ
ハム …………………………… 4枚	冷凍パイ生地（市販）	塩・こしょう ………………… 各適量
マッシュルーム ……………… 6個	………… 150g（20cm角1枚）	
バター ………………………… 大さじ1	卵 …………………………………… 3個	

◆ **作り方**

1 ほうれん草は3cm長さに切る。ハムは1〜2cm角に切る。マッシュルームは石づきを切り落として薄切りにする。

2 **1**をバターソテーし、塩・こしょうで味付けする。

3 パイ生地は解凍して型より大きくのばし、型に敷き込んで余分な部分を切り取り、冷凍庫で5〜10分休ませる。

4 卵を溶きほぐして生クリームでのばし、塩・こしょうで味付けし、**2**とミックスチーズを混ぜ合わせる。

5 **3**に**4**を16〜17mm高さまで流し入れて具を均一にし、200℃のオーブンで25〜30分焼く。

✦ **ワンポイントMEMO** ✦

型の大きさによっては［作り方4］の卵液と具が少し余ります。切り落としたパイ生地があれば、丸めてのばし直して、コ コット型などに敷き込んで余った卵液と具を流し入れて焼けば一口パイができます。

ほうれん草のオムライス風

ごはんを卵で包まずに混ぜ込んだ失敗しない新オムライス。

◆ **材料**（2人分）

ほうれん草	1/2束	サラダ油	大さじ2と1/2
甘塩鮭(切り身)	1切れ	塩・こしょう	各適量
ごはん	200g		
卵	3個		

◆ **作り方**

1 ほうれん草は2〜3cm長さに切る。鮭は皮を取って小切りにする。

2 フライパンを熱してサラダ油を大さじ1/2入れてなじませ、**1**を炒めて火が通ったらごはんを入れて炒め合わせ、塩・こしょうで味付けする。

3 卵を溶きほぐして塩・こしょうで味付けし、**2**を加えて混ぜ合わせ、2等分に分ける。

4 フライパンを熱してサラダ油を大さじ1入れてなじませ、**3**を入れて半熟状になるまでかき混ぜる。フライパンのカーブを利用して形を成形し、皿に盛る。同様にもう1つ作る。

✦ ワンポイントMEMO ✦

卵にしっかり火を通してしまうとぽろぽろとまとまりにくいので、半熟の状態で成形するのがきれいな形を作るコツです。

ほうれん草と
かにかまの白和え

ほうれん草の
八幡巻き照り焼き

や　わた

冬の野菜

235

ほうれん草とかにかまの白和え

具だくさんの白和えは電子レンジを活用して手軽に。

◆ **材料**（2人分）

ほうれん草 ……… 1/2束	白味噌 ………… 大さじ2
にんじん ……… 1/4本	塩 ………………… 少々
かにかまぼこ …… 4本	A┌ 薄口醤油 … 小さじ1
木綿豆腐 ……… 1/2丁	└ みりん … 小さじ1/2
すりごま ……… 大さじ2	

◆ **作り方**

1 ほうれん草は3cm長さに切り、にんじんは2〜3cm長さのマッチ棒状に切る。かにかまぼこは長さを3等分に切ってほぐす。

2 Aを**1**にからめ、ラップをかけて電子レンジで4分加熱し、冷ます。

3 豆腐はキッチンペーパーを敷いた耐熱皿にのせ、ラップをせずに電子レンジで3分加熱し、冷ましてからすりごま、白味噌を合わせ、手で滑らかになるまで握りつぶし、塩で味を調える。

4 **3**で**2**を和える。

ほうれん草の八幡巻き照り焼き

お弁当のおかずにもなるしっかり味の肉巻きです。

◆ **材料**（4本分）

ほうれん草 ……………………………… 1/2束	
醤油 …………………………………… 大さじ1/2	
豚バラ肉しゃぶしゃぶ用 …………………… 100g	
薄力粉 …………………………………… 適量	
A┌ トマトケチャップ …………………… 大さじ2	
└ 醤油 ……………………………… 大さじ1	

◆ **作り方**

1 ほうれん草は塩ゆでにし、水気を絞って醤油をかけ、4等分に分けてそれぞれ長さを2等分に切って重ねておく。

2 豚肉を4等分に分けて縦長に広げ、**1**を芯にして巻き込み、薄力粉をまぶす。

3 フライパンを中火で熱して**2**を入れ、出てくる脂を利用してじっくり焼いて焼き色を付け、Aを加えて煮詰めながら照り焼きにする。

さくいん

(写真／作り方)

［著者紹介］
林 幸子（はやし・ゆきこ）

料理研究家、料理教室「アトリエ・グー」主宰。
兵庫県出身。大手食品会社で料理開発に携わったのちに独立。栄養士、フード・コーディネーター、江戸ソバリエ・ルシック、日本茶アドバイザー、雑穀エキスパートの資格を持つ。実生活に沿ったムダのないレシピが好評で、基本の料理からアイデアあふれるオリジナル料理まで得意分野は幅広い。『料理研究家がうちでやっているラクして楽しむ台所術』（サンマーク出版）、『親に作って届けたい、つくりおき』（大和書房）、『南部鉄ココット＆グリルでおいしいレシピ』（PHP研究所）など著書多数。

調理アシスタント　塚原浩子　畫間佳恵　木村いづみ
装幀デザイン　多喜 淳（6c）
撮影　武井優美
スタイリング　中村和子
校正　株式会社ぷれす
本文デザイン　朝日メディアインターナショナル株式会社

一生使える！野菜まるごと使い切り大全

2023 年 2 月 2 日　第 1 版第 1 刷発行

著　者　林 幸子
発行者　村上雅基
発行所　株式会社ＰＨＰ研究所
京都本部　〒 601-8411 京都市南区西九条北ノ内町 11
〈内容のお問い合わせは〉教育出版部 ☎ 075-681-8732
〈購入のお問い合わせは〉普及グループ ☎ 075-681-8818
印刷所　図書印刷株式会社